/ **100** 位

为新中国成立作出突出贡献的英雄模范人物/

陈嘉庚

王大伟/编著

★

吉林文史出版社

图书在版编目（CIP）数据

陈嘉庚 / 王大伟编著. -- 长春：吉林文史出版社，
2011.4（2022.4重印）
（100位为新中国成立作出突出贡献的英雄模范人物）
ISBN 978-7-5472-0551-8

Ⅰ. ①陈… Ⅱ. ①王… Ⅲ. ①陈嘉庚（1874～1961）－
生平事迹 Ⅳ. ①K828.8

中国版本图书馆CIP数据核字(2011)第050722号

陈嘉庚

CHENJIAGENG

编著/ 王大伟

选题策划/ 王尔立　责任编辑/ 王尔立

装帧设计/韩璘

出版发行/ 吉林文史出版社

地址/ 长春市福祉大路5788号　邮编/ 130118

电话/ 0431-81629363　传真/ 0431-86037589

印刷/天津海德伟业印务有限公司

版次/ 2011年4月第1版 2022年4月第7次印刷

开本/ 640mm×920mm　1/16

印张/ 9　字数/ 100千

书号/ ISBN 978-7-5472-0551-8

定价/ 29.80元

《100位为新中国成立作出突出贡献的英雄模范人物》丛书

★★★★★

编 委 会

/100位

为新中国成立作出突出贡献的英雄模范人物/

八女投江	于化虎	小叶丹	马本斋	马立训	方志敏
毛泽民	毛泽覃	王尔琢	王尽美	王克勤	王若飞
邓 萍	邓中夏	邓恩铭	韦拔群	冯 平	卢德铭
叶 挺	叶成焕	左 权	诺尔曼·白求恩		任常伦
关向应	刘老庄连	刘伯坚	刘志丹	刘胡兰	吉鸿昌
向警予	寻淮洲	戎冠秀	朱 瑞	江上青	江竹筠
许继慎	阮啸仙	何叔衡	佟麟阁	吴运铎	吴焕先
张太雷	张自忠	张学良	张思德	旷继勋	李 白
李 林	李大钊	李公朴	李兆麟	李硕勋	杨 殷
杨子荣	杨开慧	杨虎城	杨靖宇	杨闇公	萧楚女
苏兆征	邹韬奋	陈延年	陈树湘	陈嘉庚	陈潭秋
冼星海	周文雍、陈铁军夫妇		周逸群	明德英	林祥谦
罗亦农	罗忠毅	罗炳辉	郑律成	恽代英	段德昌
贺 英	赵一曼	赵世炎	赵尚志	赵博生	赵登禹
闻一多	埃德加·斯诺		夏明翰	格里戈里·库里申科	
狼牙山五壮士	聂 耳		郭俊卿	钱壮飞	黄公略
彭 湃	彭雪枫	董存瑞	董振堂	谢子长	鲁 迅
蔡和森	戴安澜	瞿秋白			

前　言

　　每个人的心中都多少有一点英雄情结，都向往英雄、景仰英雄。也正因此，在中华人民共和国建国六十周年之际，由中央十一部委联合组织开展的"100位为新中国成立作出突出贡献的英雄模范人物和100位新中国成立以来感动中国人物"的评选活动中，群众参与投票总数近一亿。这其中的每一张选票，都表达了人们对英雄模范的崇敬之情，寄托着对伟大祖国的美好祝福。

　　一个民族不能没有英雄，否则这个民族就不会强大。当国家危难之时，懦弱者选择了逃避、妥协甚至投降，英雄们却挺身而出，用热血捍卫民族的尊严，人民的幸福。在创立和建设新中国的伟大历程中，涌现出无数可歌可泣的英雄模范人物。他们之中，有为了民族独立和人民解放而英勇牺牲的革命先烈，有为了党和人民的事业而不懈奋斗的优秀共产党员，有在全民族抗战中顽强奋战、为国捐躯的爱国将士，有英勇杀敌的战斗英雄和革命群众，有积极从事进步活动的著名民主爱国人士和国际友人……他们是民族的脊梁、祖国的骄傲，是激励全体人民团结奋斗的精神力量。

　　《100位为新中国成立作出突出贡献的英雄模范人物传记》丛书，就像一部星光璀璨的英雄谱，真实、完整地记录了英雄模范人物不平凡的一生，再现了他们非凡的人格魅力和精神世界。"头颅可断腹可剖"的铁血将军杨靖宇，"毫不利己，专门利人"的白求恩，"抗战军人之魂"张自忠，"砍头不要紧"的夏明翰，"俯首甘为孺子牛"的文化斗士鲁迅……一串串闪光的名字，一个个动人的故事，犹如群星闪烁，光耀中华。

　　如今，战火已熄，硝烟已散，英雄已逝，我们沐浴在和平的幸福之中。在和平年代，人们不会忘记为今日的和平浴血奋战的英雄们，英雄的故事永远不会结束。让我们用英雄的故事唤醒我们心中的激情，为中华民族的伟大复兴而奋斗。

生平简介

陈嘉庚（1874-1961），男，汉族，福建省厦门市人。

陈嘉庚少年时赴新加坡随父经商获得成功。1928 年日本制造济南惨案后，领导华侨社会开展抗日救亡运动。1937 年 10 月，他发起成立马来亚新加坡华侨筹赈祖国伤兵难民大会委员会，任主席。1938 年 10 月，他联络南洋各地华侨代表在新加坡成立"南洋华侨筹赈祖国难民总会"，被推举为主席。他带头捐款购债献物，精心筹划组织，使南侨总会在短短三年多的时间内便为祖国筹得约合四亿余元国币的款项。此外，他组织各地筹赈会为前方将士捐献寒衣、药品、卡车等物资，以及在新加坡和重庆投资设立制药厂，直接供应药品等。1939 年，他应国内之请代为招募三千二百余位华侨机工（汽车司机及修理工）回国服务，在新开辟的滇缅公路上抢运中国抗战急需的战略物资。1940 年，他组织南洋华侨回国慰劳团历访重庆、延安等地，并发表演讲，盛赞中共领导的陕甘宁边区的新气象，认为"中国的希望在延安"。1948 年 5 月，致电毛泽东，响应中共中央召开新政治协商会议和成立联合政府的建议。建国后任中央人民政府委员，华侨事务委员会委员，华东军政委员会委员，全国侨联主席。1961 年 8 月逝世。第一、二届全国人大常委会委员，第二、三届全国政协副主席。

1874-1961
[CHENJIAGENG]

◀ 陈嘉庚

目 录 MULU

聚财有道 舍财为民（代序）

　　到过厦门的人，没有不知道集美学村和厦门大学的。这不仅因为那里景色宜人，英才辈出，是当地著名的人文旅游景点，更主要的是，他们都跟一位爱国老人联系在一起，他，就是陈嘉庚。

　　陈嘉庚经历了清末、民国、抗日战争、解放战争和社会主义革命与建设几个不同年代，其童年是在国弱民穷、屡遭外侵的动荡时代度过的。时代造就英雄，动荡的年代、国民饱受欺凌的现实，深深地打击了少年时代的陈嘉庚。从那时起，他便在心里树立起救民于水火的信念和为国家分忧的高尚情操。

　　作为侨商子弟，陈嘉庚自1890年开始走上商业舞台，之后的几十年间，由于他独具经商天赋，勤奋刻苦，眼光独到，长袖善舞，因此在商业舞台上创造了巨大的奇迹，成为当时新加坡商界的翘楚，闻名海内外的大企业家。1925年实有财产1200万元，合黄金100万两，超过当年一般的"百万富翁"十余倍。

　　如果说，陈嘉庚仅仅在实业上获得成功，那他充其量也就是个著名的大富翁。而使他彪炳史册、赢得后人敬仰的，是他在成为商业巨子时，并没有像那些资本家一样唯利是图，而是心系祖国，把个人的全部所得毫不吝啬地投入到利国利民的事业中去。

　　陈嘉庚谦称自己不懂政治，但其实他最懂政治，也最关心政治，关注民族兴亡，时刻把振兴中华、拯救苦难的中国人民作为己任。他反对清朝政府，资助民主革命，捐款救济灾民；他全力支持全国抗战，组织各国华侨投入到抗战救国的洪流中去，不惜耗尽所有的财力、物力。

他更是一位倾资兴学的教育家。辛亥革命后，他开始捐资兴学，一生为祖国的教育事业倾尽所有，以实际行动实践了报效祖国的诺言，受到人们的普遍赞扬，在中国历史上树起了一座不朽的丰碑。

他，一个紧跟时代潮流、站在时代发展前列的华夏儿子；他，一个赤手空拳在东南亚创造一个庞大企业集团的商界巨子；他，一个团结统一800万华侨抗日救国的华侨领袖；他，一个跨越南洋和中国，践行教育立国、科学兴国理想的教育家……他，诚信果毅；他，忠心报国；他，疾恶好善；他，公直无私；他，勤勉俭约……从1874年到1961年的88年间，陈嘉庚，这位华夏历史上的传奇人物，以自己的高尚人格和不懈追求，在20世纪的中国，向人们展现了一个平凡而伟大的灵魂，像大山一样的脊梁，像大海一样的胸怀，不愧为"华侨旗帜，民族光辉"的称号。

青少年积累起步

(1874—1903)

→ 少年乡读生活

★★★★★

（0-17岁）

1874年10月21日，陈嘉庚出生在与台湾一水相望的闽海之滨——福建省同安县集美社，也就是今天的厦门市集美镇。

集美社是从元代起由陈姓先人开基繁殖起来的海滨渔村，它位于闽南东海之滨，山水优美，是联系长江三角洲和珠江三角洲的纽带，自古以来就是开展对外交往的要冲。宋元时代，这里是著名的"海上丝绸之路"的起点。明代，漳州月港（今龙海县海澄一带）、泉州安平港（今晋江县安海镇）是中国与东、西洋贸易的国际性港口。清代，厦门港的崛起，又以台运和南洋贸易称盛于世。民族英雄郑成功的部将刘国轩曾在这里修筑营垒，开挖水井，留下了"延平故垒"和"国姓井"的遗址。千百年来，它点缀在月港与安平的中心，与厦门岛隔海相望。村里人以海为生，靠捕捞和海产养殖养家糊口，虽然在漫长的历史岁月中偏僻自处，鲜为人知，但闽海往昔的繁荣和骄傲，却浇灌养育了他们坚韧不拔、冒险进取的"同安精神"。

陈嘉庚出生在一个国难深重的时代，大清帝国已经走到了穷途末路。在西方列强炮火的威逼下，中国一步步沦为半殖民地半封建社会。在陈嘉庚出生之前30年，帝国主义通过鸦片战争将与集美只有一水之隔的厦门强辟为"五口通商"的口岸之一。一个繁荣的商港，就这样渐渐变成了外国强盗贩卖鸦片、掠夺财富、诱拐华工的巢穴。

陈嘉庚的家乡素有海外经商和垦殖的传统，

▷ 陈嘉庚诞生的祖屋世泽堂

在西方列强和封建王朝的双重压迫下，中国农村的日子越来越艰难，有更多的人抛妻别子，漂洋过海，到当时被称作"南洋"的东南亚一带落脚生根，另寻生路，辛勤开辟新生计。陈嘉庚的家庭就是这样一个华侨世家。他的曾祖父陈时赐有兄弟五人，其中二人出洋，定居在槟榔屿和新加坡。他的大伯父陈缨节、二伯父陈缨酌和父亲陈缨杞（又名杞柏，字如松）三兄弟，都是华侨。陈嘉庚出生时，父亲远在新加坡，经营着一家顺安米店和一个西谷米厂，还拥有一些房地产。

陈嘉庚少年时代是在母亲孙氏的一手抚育下在家乡度过的。父亲一直在新加坡经商，给家里的汇款时断时续，他必须和同社其他孩子一样，帮助家里做些种地瓜、拨花生、剖牡蛎之类的轻活。光绪八年（1882年），9岁的陈嘉庚第一次跨进学校的门槛。这所学校是本社族人兴办的，名为"南轩私塾"，只有一名教员，当时叫塾师。和旧中国农村普遍存在的私塾一样，"南轩私塾"所授的课本是传统的《三字经》、"四书"，全然不顾学童的接受能力，内容脱离实际，文字艰涩难懂。而且塾师授课仅仅照本宣科，完全不加讲解，学童只是跟着"念书歌"而已。学童的家长大都是农民，他们也不指望孩子将来学富五车，只求他们能认一些农村应用文字也就满足了。由于孩子时常要帮助家里劳动，于是便有上学三天打鱼两天晒网的惯例。塾师经常是授课一月，休息一月或半月，一年的功课，往往要拖到二到三年才能学完。

△ 年轻的陈嘉庚

　　"南轩私塾"的塾师陈寅是一个贫穷潦倒的老学究，他在这里时教时离，糊里糊涂地度过一生，而留给集美社的教泽几乎是一片空白。陈嘉庚跟随陈寅读书七年，所识文字不多，对古文和报刊文字也一知半解，后来他之所以能够著书撰文，全是刻苦自学的结果。这种旧式封建教育的弊端，给少年陈嘉庚留下了深刻的印象。陈嘉庚渐渐长大，他在书本上没有学到太多的知识，倒是家乡的生活、家乡的风情自幼熏陶着他的心灵，使他的根深深扎进了故土。工余饭后，他倾听父老们谈古论今，讲述先贤们爱国报国的故事，渐渐孕育了他矢志不渝的爱国爱乡之心。他日后倾资兴学，筹款抗日，致力新中国建设，无不与少年的经历紧密相关。

1884 年 8 月，法军侵略舰队炮轰台湾基隆之后，又进而突袭福州马尾，把清廷辛苦建造的南洋水师军舰 11 艘、商船 19 艘炸沉。"法国不胜而胜，中国不败而败"的消息引起全国上下的震惊。福无双至祸不单行，闽南一带又发生大旱灾，接着瘟疫流行，人民死亡相继。陈嘉庚的亲族三十余家，一百多口，活下来的只有一半，而且纷纷弃家逃亡。11 岁的陈嘉庚伴随母亲留在村里，他亲身经历、耳闻目睹了国运的颠危和乡亲的痛苦。这种时代氛围，熏染了陈嘉庚报国救乡的心芽。

陈嘉庚在集美度过整个少年时期。他虽出身华侨世家之门，却长于故土，长于国难，在这沉重的历史脚步中长大，目睹了家乡的沦落，国家贫穷落后，受人欺凌的辛酸。这使他与一般华侨子弟不同，他熟悉故土风情，种下了依依眷恋之情；他目睹国运颠危，萌发了赤诚报国之志。陈嘉庚少年生涯，使他的根深深扎在故土，对他一生的活动、思想性格起到了深远的影响。

→ 青年学商经历

（17—20 岁）

　　1890 年秋，16 岁的陈嘉庚在父亲的要求下，第一次坐船来到了新加坡（当时名为星洲），在父亲的米店学习经商。

　　新加坡是一个海岛，当时为英国的殖民地，居民大多是华人。早在明代前期，中国东南沿海特别是福建人民就已经开始移徙到这里，用自己的双手开发这片土地。鸦片战争以后，东南沿海人民出洋谋生的人数越来越多，新加坡是主要地点之一。

　　陈嘉庚的父亲陈杞柏，早年来到新加坡进入商界，以经营米业起家。陈嘉庚到新加坡时，陈杞柏已很久不管顺安米店事务了。米店的工作由陈嘉庚的族叔担任经理兼财务，他则住在顺安三楼上，每日午刻才下到二楼看书、接客，办理硕莪厂和房地产的业务。他原娶的侧室已经亡故，身旁尚有一妾苏氏，有一养子名天乞，年纪尚小。陈嘉庚来后，父亲把他安排在顺安米店学商，协助族叔管理银钱货账，兼任书记（即文书）。灯红酒绿的异国殖民地，深浅莫测的商界，对于陈嘉庚来说，这一切都是陌生的。但由于他抱着代父经商之心，凭着勤快和聪颖，加之勤奋学习、勤谨敬业，很快适应了环境，掌握了业务。两年后，因族叔有事回国，他接任顺安米店经理兼财务，协助父亲把米店经营得十分兴旺。

　　顺安米店是一家从泰国（当时名为暹罗）、越南（当时名为安南）、缅甸采购大米，然后售给本地零售米店和批发商行，每月买入米款二万余元，按照新加坡市场惯例，大米出手后三十天收账，一般多加十天便可收清。但顺安米账往往延到五六十天才能收清。当时之所以能维持采购，是由于"德安"、"复安"两店的互相支持。这两家米店原来都是陈嘉庚父亲一手倡办，此时已归于他叔伯兄弟的名下，但对外采购与顺安并不分家。陈嘉庚接手后，终日忙于事业，并利用经手业务的机会提高文化，积累商业知识，把米店经营得有条有理，得利约五六千元。经商两年，他就崭露了自己这方面的才能。

→ 继承特殊资产

（20—31岁）

    1893年秋，陈嘉庚回到家乡完婚，妻子名叫张宝果。他在家住了近两年，一面经营渔业，一面补习中文。1895年夏天，他第二次南渡新加坡。两年后，也就是1897年冬，陈嘉庚的母亲在集美病逝。陈嘉庚因米店没人照顾，延迟到第二年秋天族叔来接替才起程回国为母亲择地修墓。但风水先生说正穴方向不合，需等两年后才能下葬，他不得不于1899年春带着妻子前往新加坡。1900年冬，携家眷第三次返回集美安葬母亲，并为母亲守孝三年。

    陈嘉庚三次回国的前后，他父亲的产业经历了从发展到衰落的巨大转折。陈嘉庚首次回国前，陈杞柏经营的地皮房产业、硕莪

△ 陈嘉庚

厂以及新办的"日新"菠萝罐头厂都有进展，连同顺安米店的收入，除欠账外，有资产十余万元。第二次回国前，地皮和房租收入增加，"顺安"规模扩大，除硕莪厂承顶给他人外，在柔佛加办菠萝罐头厂一所，并经营菠萝园数百英亩。第三次回国前，陈家各项经营颇有起色，实有资产三十五六万元。商场上的顺利，使陈杞柏不惜抽出三万余元资金营建住宅，并汇回家乡四万余元，让在集美家乡的陈嘉庚以陈天乞的名义，购买厦门提督、打铁两码头的海填地皮，盖建店屋。这时的陈杞柏在新加坡福建华侨社会中有较高的地位，是 1896 年"华商公所"第一次会议拟举的闽帮十三位董事之一。他在陈氏家族中同样也具有较高的声誉，1903 年被推举为陈氏宗祠的三位总理之一。

但是，实业的扩大，特别是"金胜美"、"庆成"两号的加营反成了他事业衰败的祸根。"金胜美"等号的财款由陈天乞掌管，菠萝罐头厂向洋行收款也由他经手。陈天乞长于新加坡，从小娇生惯养。他不谙经商，又常在酒醉后侮辱店员，闹得人心离散，营业不振。而他的母亲苏氏好赌，便和陈天乞勾搭一气，背着陈杞柏侵支款项。陈杞柏终日在家，不明真相，各店经管人员碍于情面又不敢告发。陈嘉庚回乡守孝的三年中，苏氏母子任意支取、舞弊达十余万元使各业经营衰退，高利贷主趁机加重利息，加上房地产价格大跌，亏损 35 万元。好端端一个中兴之家很快濒于衰落的境地了。

1903 年 7 月，陈嘉庚从家乡重抵新加坡时，迎面而来的却是倾盆的冷水！面对眼前的一片萧瑟的景象，他痛心疾首，抱恨无穷。但面对这一沉重打击，陈嘉庚并没有消沉，而是咬紧牙关接过这个烂摊子。性格倔强的他决心从头开始，立志替父亲还清债务。当时，30 岁的陈嘉庚从父亲手里继承的有形资产是 25 万元债务，无形资产是父亲的关系网和替父还款获得的社会信誉。他由此开始了他的从商之旅。

在父亲的赞同下，他节制家用，规定苏氏每月只能支取家费 200 元，同时着手结束"金胜美"、"庆成"、"振安"诸号业务；把柔佛菠萝罐头厂出顶，得款一万余元；在新加坡的菠萝罐头厂招人合伙，改称"日新公司"；又卖出空地一段，除还押欠外，尚余五万余元。经过这一系列割肉补疮的办法，总算还清了货账，顺安米店开始在陈嘉庚手上名誉转隆了。不料到了立冬之后，米业减作，劣账追收，再也无法维持，他不得不于1904年春宣告米店倒闭。算算账目，除房产外，尚负债三十余万元。

"顺安"倒闭，对于陈嘉庚来说无疑是一次致命的打击。但是，陈嘉庚的性格注定了他不会因此沉沦下去。他不愿赋闲在家，决心从头做起，闯出一条新路，代父还清债务。于是，他一扫从前苦闷、颓丧的情绪，重新走上杀声紧急的商场。

壮年崭露头角

(1904—1912)

转行创立"苏丹"

顺安米店停业后，刚过而立之年的陈嘉庚开始了他独立的经商历程。新加坡地处热带，盛产的菠萝质量好，采买方便，菠萝罐头远销欧美。当时，菠萝罐头销路旺，生产周期短，采买原料可以赊账，利润空间较大。陈嘉庚瞄准了行情，集资 7000 元，建简陋厂房，购买旧机器，在新加坡郊外创立"新利川"菠萝罐头厂。当时，父亲招人合伙的"日新"公司经理病逝，陈嘉庚又顺势接管了这家菠萝罐头厂，这为他涉足新加坡菠萝罐头业提供了绝好的机会。他把本厂所产菠萝罐头商标定名为"苏丹"，意在夺取菠萝罐头之王的宝座，决定大干一番。

那时候，新加坡共有菠萝罐头厂十余家，

经营菠萝罐头的欧、美、加拿大诸洋行也有十几家。在经营菠萝罐头时，陈嘉庚十分留意市场信息，采取人弃我取的策略，独揽了少有人做的小批量品种菠萝罐头的生意。当时，各厂采买菠萝历来都是按枚论价，而菠萝每枚大小和成熟程度各不相同，有的还有一些坏烂，议价时不计重量，全凭眼力，而且须待每季停工后才开始计算盈亏。陈嘉庚决定改变策略，以加强核算取胜。他规定每天购进的菠萝必须当天制完，当夜即结算成本盈亏，以此作为次日采购议价的标准。这就使他获得了准确的经营信息。在生产中，他尽量减少损失和浪费，降低成本，严把产品质量关，建立商业信誉，因此很快就在竞争激烈的同行中站稳了脚跟。

由于善经营，陈嘉庚涉足菠萝罐头业三个月即取得了成功。"日新"获得净利近三万元，"新利川"获利九千余元，两厂合约四万元，利润率比当时最有名的大厂高出七八倍，远居同业老厂之上。

之后，陈嘉庚进一步扩大经营范围，扩建"新利川"厂房，增置机器设备，投资三万元加开一家米店，兼作两个罐头厂的营业机关。为了保证两厂原料的供应，又用2500元在"新利川"附近数英里外，购地500英亩，取名"福山园"，开荒种植菠萝，这是当地最大的菠萝种植园。这年冬季，虽然菠萝罐头市价略有下降，但由于经营得法，两厂仍获利二万余元，米店得利八千余元。独立经营的头一年，除伙伴红利外，陈嘉庚总计获实利六万余元。

　　1905 年夏季,"日新"、"新利川"两厂再次凌驾同业之上,获利三万余元。为了扩大生产,他又建立了"日春"菠萝罐头厂,并在厂内兼制冰糖。可入冬以后,菠萝罐头行市下跌,三个罐头厂加在一起也只获得利润一万余元。当然,与同行业各厂相比,依然保持着遥遥领先的势头。他野心勃勃,计划第二年再拿下四到五万元利润,还清父亲的旧欠。不料市场风云变幻,1906 年夏季,菠萝罐头市价下跌严重,几个月无人问津。"福山园"第一次出产菠萝却无利可图。陈嘉庚惨淡经营,总算还保住盈利一万余元的局面,但为父还清旧欠的夙愿却一时无从实现。

涉足更多行业

★★★★★

（33-37岁）

面对现状，陈嘉庚既不想放弃一手创办的品牌——"苏丹"菠萝罐头，又不能消极等待市场的复苏。他认清形势，决定适时转变经营方向，开辟新的领域，开展多种经营，以扩充实力。

1906年冬天，"恒美"米店因股东退出，经理招股经营。陈嘉庚知道"恒美"经营加工的熟米有治疗脚气病的功效，华侨都比较爱吃，便招一友人入股，扩大熟米的生产。合股不久，熟米价上涨，合办16个月，"恒美"获利十六万余元。陈嘉庚仗着熟米厂的成功，一举偿还了父亲的全部债务。

同年，一个偶然的机会，使得嘉庚在主营菠萝罐头业和熟米厂前提下，开始尝试着投资橡胶制造业。一次，陈嘉庚从一个英国职员口中听到，马六甲华人陈齐贤把马六甲橡胶园高价售给英国公司获得巨利，内心不禁为之一动。此时，橡胶从巴西移植到马来亚不久，但他立即估量到橡胶的前途大有可为，于是当机立断，花了1800元买18万粒橡胶种子，种在"福山园"菠萝丛边，由此开始了他的橡胶事业。

1909年春，"福山园"附近有几处菠萝园因无利可图，园主情愿以每亩50元的低价出售。陈嘉庚认为这是扩种橡胶的大好机会，就把五百余亩园地全数买下来，立即雇工将菠萝和杂草清除干净，种上橡胶，和"福山园"连成一片，成为一个拥有土地一千多亩的大橡胶园。只是由于父亲在家乡去世，"恒美"熟米厂又失火焚毁，他不得不将橡胶园抵押给广益银行借款。之后又在1910年以32万元的价格卖给陈齐贤。自己则另外开辟了两处新的种植园：一处为祥山园，栽种橡胶，兼种木薯；另一处为新福山园，栽种橡胶，套种菠萝。

1911年春，陈嘉庚到曼谷采购稻谷。他听说北柳港盛产菠萝，却没有人建厂制造罐头，特地前去考察。到了那里，陈嘉庚发现每年只需收购当地所产菠萝的三分之一，便可生产四五万箱罐头。此时国际市场上菠萝罐头价格开始回升，新加坡因连年市况不佳，菠萝产量大减，原有的罐头厂发展受到局限。陈嘉庚抓住商机，用一个多月时间新建起一个菠萝罐头厂，取名"谦泰"，并在附近建筑码头、栈房，兼管采购稻谷。这样，蛰伏一时的"苏丹"牌菠萝罐头开始在泰国出现，这让新加坡同行业厂商望洋兴叹。

在北柳期间，陈嘉庚参观过一个福建华侨创办的"鸣成"米厂。这个厂新办不久，装有有轨活动屋盖，天晴时可将屋盖拉开晒谷，阴雨天及夜间不用收米或临时加遮盖，拉上活动房盖即可。不仅可以节约大量劳力，且能避免湿谷霉坏的损失。这个厂子还铺有轻便铁路，供推活动屋盖和运载湿、干谷出入之用。陈嘉庚经营熟米厂以来，常为晒谷费工和湿谷霉坏发愁，参观后茅塞顿开，一回到新加坡立即拨款三万元效法改造设备，使"恒美"经济效益为之改观。

1911 年，长袖善舞、锐意进取的陈嘉庚，已经拥有两处橡胶园、四个菠萝罐头厂、一家米厂、一间米店，年纯获利润四五十万元。他的"苏丹"在新加坡菠萝罐头业中跃居首位，产量占新加坡全部产量的一半；他的熟米厂也赢得"寓社会福利于个人营业之中"的美誉。

→ 资助民主革命

（37—38 岁）

1905 年 8 月，孙中山先生在日本建立了同盟会总部。1906 年 2 月，孙中山在新加坡晚晴园建立了同盟会分会。从此，革命思想迅速在南洋华侨中传播，推翻清朝、建立民国的主张在南洋华侨中大得人心。陈嘉庚深受同盟会革命主张的影响，倾心于革命，1909 年经友人林义顺介绍，认识了孙中山。1910 年春天，陈嘉庚正式加入同盟会。

1911 年武昌起义成功，同年 11 月，福建光复。消息传到新加坡，福建华侨激动万分。共同商议筹款支援福建革命政府，维持福建治安事宜。大家一致同意组织"福建保安筹款委员会"，推举陈嘉庚担任会长。陈嘉庚致电福建同盟会会长黄乃裳，并立即汇去国币二万元。一个月内，他又发动华侨踊跃筹款 12 万元，给新政府以有力的财力支持，对稳定局势、安定民心起了很好的作用。此时，上海军政府派庄希泉带领"南洋筹饷队"来到新加坡，陈嘉庚又慷慨解囊，以救济会名义汇回巨款，支持了上海革命的军政府。

得知武昌起义胜利的消息后，孙中山立即从法国马赛搭船回国，于 12 月 16 日途经新加坡。陈嘉庚与孙中山会面，再次拿出一万元作为他的旅费，并当面允诺给予财力支持。29 日，孙中山被南京十七省代表会议选为中华民国临时大总

▽ 1911年12月16日孙中山途经新加坡与陈嘉庚合影

统。为赴南京就职，经济困难急需用款，又电告陈嘉庚，陈嘉庚立即汇去五万元，这个数目是当时陈嘉庚存款的八分之一。由此可见，他援助民主革命事业的赤诚之心。

南洋华侨民族觉悟和爱国主义热情把陈嘉庚推到了民主革命派的行列。从加入同盟会到支援辛亥革命，是陈嘉庚思想的一次飞跃，他由此走出了经商发家的小圈子，开始把自己和民族前途、国家命运紧紧联系在一起。

➡ 捐资创办小学

★★★★★

（39岁）

辛亥革命后，陈嘉庚十分渴望早日回到家乡为国效力。他耗资七千余元，筹购了制蚝罐头的机器及火炉等，并以月薪国币二百元在日本聘请技师。一切准备就绪后，他于

1912 年秋起程回国。

陈嘉庚回到家乡后，一面筹划办厂，一面了解教育情况。这年冬天，制蚝开始试制，但由于当地所产海蚝不适宜制罐头，加之技术不过关，十余天后即亏损四千余元。陈嘉庚利用这些机器设备，与厦门友人一同合办了"大同罐头食品股份公司"。这是他在国内投资的第一个企业。

兴办实业失败后，陈嘉庚把为国效力的方向放在了教育上，这同他的人生经历有直接关系。他幼年接受旧式教育收获甚少，对这种教育的缺陷有切身体验。到南洋经商后，他一直利用业余时间读书进修，勤奋学习，有机会接触到一些西方进步文化。在经营实业的实践中，他感受到教育的重要性，因而在南洋他就积极赞助当地华侨的教育公益事业。几次回国，陈嘉庚留意家乡的教育，看到家乡的教育依然极端落后，感到十分痛心。

集美两千余居民，全为陈姓，分为六七房。集美没有小学，各房自办私塾，各塾只收男生一二十人，女孩不得入学。当时距清末学制改革，成立新式学校已有十几年，但是同安县 20 万人口，公办县立小学只有一所，学生一百多名。但由于经费难以保证，县长频繁更换导致校长随之变更，原有教员、学生经常是一哄而散。所以十多年来，竟没有一名学生能学到毕业，大批失学儿童上学无门，终日嬉戏。

家乡的所见所闻，使陈嘉庚决定在家乡创办小学。抱着这种信念，他奔走于各房之间，劝说他们停办私塾，全乡合办小学，他自愿承担办学经费。精诚所至，金石为开，他的主张终于得到了各房的同意。1913 年春，"乡立集美两等学校"暂借大祠堂及附近的房祠堂开学，全体子弟入学，共 135 人，分五级，高小一个年级、初小四个年级，聘校长一人，教员五人。

学校办起来了，校舍还没有着落。第二步，陈嘉庚便筹划修筑校舍。校址的选择几经周折。乡人不是因为妨碍"风水"阻挠，就是反对迁移坟墓。最后，陈嘉庚买下了村西一口几十亩的大鱼池，填平建起了新校舍，将集美小学搬到这里。

1917 年，他又开设了女子小学，招收集美的女生。为破除陋习，鼓励女孩子入学，学校规定每月给每个女生一到二元不等的津贴，于是招收了五十余名学生。

中年建功立业

(1913—1934)

→ 把握发展机遇

★★★★★

（40—44岁）

1913 年 9 月，陈嘉庚从集美返回新加坡，继续经营他的实业。这一年，他的"祥山园"因病虫害而废弃，在泰国的"谦泰"菠萝罐头厂也因淡水变咸而停办。但因停办"谦泰"，他在新加坡又顶入了两家菠萝罐头厂，使他在新加坡菠萝罐头业中跃居首位，所产罐头居全新加坡产额的一半，成了名副其实的菠萝罐头"苏丹"。

1914 年，第一次世界大战爆发，菠萝罐头及熟米均因战局影响销路日短，陈嘉庚陷入了新一轮的艰难维持阶段。但是，第一次世界大战不光是挑战，更是难得的机遇。陈嘉庚的成功，得力于他个人的才智和魄力，他比当时许多人更具胆识和远见。当年冬天，陈嘉庚审时度势，认定战时航运业一定大有可为：一是战争打乱了旧航运业的格局，新加坡官方或商人承运货物，必须寻找新的船主；二是可以为自己的企业运载原料产品，挽救因战争影响而出现的商业危机。于是，他当机立断，及时改变经营方向，决定入主航运业。

1915 年，他租用了四艘轮船，一面承运英国政府等官私货主货物，承运楠木片到波斯湾；一面为自己运载原料和产品，从越南、泰国运谷米来新加坡制成熟米，再运往印度销售，既免受战争影响，又获丰厚利润。仅仅一年时间，他就获利二十余万元，加上其他实业收入，净利达四十五万元之巨。1916 年开始，陈嘉庚从租船发展为买船，购置"东丰"轮（载重 3000 吨），1917 年又购买"谦泰"轮（载重 3750 吨），两艘船共花 27 万元。先自己经营，后租与法国政府，两年获利八十多万元。

陈嘉庚从 1906 年开始投资橡胶业，到 1917 年起转为主营橡胶业，兼营其他。新加坡菠萝罐头销量减少 60%，熟米因竞争激烈利润空间也越来越小。陈嘉庚又适时将一家菠萝罐头厂改为橡胶加工厂，又将熟米厂改为"谦益"橡胶制造厂，生产胶布，所产胶布经广告商介绍大半直销美国。

原来购买供制罐头之用的白铁片，因战争需求量大而变得昂贵，陈嘉庚将这些抛售出去，避免了资金积压，并牟取了高利。由于善于捕捉市场行情，及时改变经营方向，陈嘉庚不仅安然渡过了战争难关，而且获得丰厚的利润。仅 1917 年，年获利即有九十余万元。

→ 办师范和中学

如果说陈嘉庚仅仅在实业上获得成功，那他充其量也就是个著名的大富翁。而使他彪炳史册、赢得后人仰慕和敬意的，是他心系祖国，把个人发展的全部所得毫不吝啬地投入到利国利民的事业中去。

在捐资创建小学之初，陈嘉庚就发现新式教育所需教员极端贫乏，根本找不出几个合格人选。同安县的师范毕业生包括简易科在内一共只有四人，其中一人改行，余下三人被陈嘉庚聘到了二人。当时福建省福州与漳州各有一所师范学校，漳州的师范学校是初办，有学生百余人，因经费紧张，成绩不佳。作为省立师范学校的福州师范条件很好，在校学生保持在三百人左右，学校食宿免费，另有优厚待遇。每年招 80 人，可学校常不公开招考，名额被当地官僚富绅子弟占满，外地学子根本挤不进去。结果收进去的富家子弟只求混文凭，并没有几个人打算做教师。陈嘉庚认为，要解决小学教师缺乏的问题，只有让贫寒家庭的子弟经考试选拔后再接受专业训练，才能真正做教师。从那时起，他就决意一有可能就办师范学校，招收有志于教育的闽南贫寒子弟，加以训练成为教员，以改变福建地方教育的现状。

想办学，钱是前提条件。陈嘉庚回到新加坡后，实业发展顺利，赢利颇丰。在拥有了一定的经济实力后，他便开始把自己的兴学志愿付诸实施，他决定在家乡创办师范和中学。1916年，他派胞弟陈敬贤回乡修筑校舍，筹办集美师范学校和中学，并致信上海

△ 陈嘉庚的胞弟陈敬贤

江苏第二师范校长代聘校长和全体教职员。在陈敬贤主持下，仅仅用了一年多的时间，便在集美兴建了大礼堂和"居仁"、"立功"、"尚勇"诸楼，以及电灯厂、自来水塔、膳厅、温水房、浴室、大操场、贮藏室等公用设施。

为了培养有志从事乡村教育的人才，防止出现福州省立师范招生中的弊端，保证师范生毕业后人人能从教，陈嘉庚实行了新的招生办法，他函告闽南三十多个县的劝学所，请他们代为招选愿意从事小学教育的贫寒子弟。每大县选五六人，小县选三四人，入校复试合格者录取，保证了生源的质量。后来学生质量稳定后，才取消了这种

▽ 集美学校校舍前合影的师生

做法。1918 年 3 月，师范和中学同时开学，招收学生 196 人。师范四个班，分三年制师范讲习科甲、乙两班，五年制师范预科甲、乙两班和中学两个班。中学生免交学费和宿费；师范生学费、宿费、膳费全免。学校还供给全体学生所需被席、蚊帐。为了奖励师范生，他还特规定，学校免费提供统一制服（每年春、秋各一套）。学校伙食每天两餐干饭，一餐稀饭，为照顾师范生，规定如三餐都吃稀饭的，学校每月还给津贴二元，为贫苦青年创造了优惠的入学条件。从师范部毕业的学生，大都品学兼优，有的成为闽南初等教育骨干，有的成为学者、科学家、政治家和革命者，从不同的战线为振兴中华作出了贡献。

在中学，还对华侨子弟规定了优待制度。各南洋华侨小学毕业生，愿意回国念中学的，只要有陈嘉庚新加坡本店的介绍，都可入学。如果到校时考试不合格，可先入补习班学习。这一规定体现了陈嘉庚对华侨教育的重视，他希望以此加强华侨和祖国的联系，增进华侨子弟的祖国观念。这正如他后来所说的："集美学校所以特别欢迎华侨子弟之就学，盖亦有感于是为谋挽回其祖国观念也。"从此，优待侨生成了集美学校永存不废的原则，为增进华侨和祖国的联系作出了贡献。

其实，陈嘉庚久居南洋，对当地华侨教育问题也特别重视。辛亥革命前一年，他担任新加坡"道南学校"的第三届总理。1912 年，他协同闽侨开办"爱同学校"，1915 年，又开办"崇福"女校。1918 年 6 月，陈嘉庚联络新加坡、马六甲 16 所华侨学校总理开特别大会，筹办新加坡南洋华侨中学，并担任董事会总理。该校于 1919 年 3 月 21 日开学，是东南亚华侨打破地域、帮派界限合办的第一所华文中学。对于发扬中华文化有利的事，陈嘉庚无不热心赞助。

辛亥革命后，陈嘉庚捐资兴学，以实际行动实践了报效祖国的诺言，受到人们的普遍赞扬。陈嘉庚在新加坡办学的业绩，也使他在华侨社会中的威望日隆。

→ 创办厦门大学

★★★★★

（46—49 岁）

1918 年，陈嘉庚的事业仍在继续发展。虽然"东丰"、"谦泰"两艘轮船先后在地中海被德国舰艇击沉，他的海运事业被迫宣告终结，但因得到保险赔款共 120 万元，除扣除购船本钱之外，还多得到 60 万元。加上

经营橡胶厂、转售白铁片和米店营业顺利，特别是他重点发展橡胶熟品制造厂，试制各种轮胎、胶鞋、卫生用品和日用品，并在南洋、香港、国内许多地方设店自销。他的产品新颖，推销有方，畅销各地，其"钟"牌商标驰誉世界，财产越积越厚。他把两笔轮船保险赔款在柔佛高踏丁宜路购进橡胶园 1000 英亩，取名"大同"，又买了荒地 2000 英亩，又于新加坡马珍律港边购进空地 30 万平方尺。11 月，第一次世界大战结束，陈嘉庚由于实业在战争时发展顺利，已成了拥有 400 万元资产的华侨大实业家了。他的实业发展重点从菠萝罐头业转移到橡胶业上，除米店营业继续保存外，所有菠萝罐头厂一一让出。

继涂桥头"谦益"橡胶厂之后，又投资五十余万元，与人合组"振源"、"振成丰"、"槟城"三个橡胶公司。

陈嘉庚的实业发展迅速，然而国内政治经济依然黑暗。陈嘉庚忧心忡忡，深感祖国贫穷落后，民智未开，各种专业人才奇缺，他认为要改变祖国落后面貌，非有大批专门人才不可。此外，在创办集美学校过程中，他总是为聘任称职的校长、教员费尽周折，深刻体会到了大学的重要。而当时福建没有一所大学，不但专门人才稀缺，中等教师也无处可以造就。由此，他创办大学的念头越来越强。他把大学比做机器中的发动机，中等专门学校和中小学好比是它的附属品，"欲求附属品之发达，非赖有完全之发动机不可"。于是，他决意回国倡办大学。其实，关于创办大学，陈嘉庚早有涉及。1918 年，美国教会中学校长那牙计划创办新加坡大学，希望陈嘉庚支持。陈嘉庚马上捐出十万元用于设立中文科基金，立约每年一万，十年还清。但是由于英政府阻挠，大学没有办成。陈嘉庚便把先拿出的三万元改作该教会学校的理化基金。同年 6 月，他在一次开会时就表示要建立一所专门的大学。

1919 年 5 月，在陈敬贤来新加坡接管实业之后，陈嘉庚第五次回国，雄心勃勃准备大干一场，他亲自筹办厦门大学并扩充集美学校。他把自己在新加坡的不动产橡胶园 7000 英亩和货栈、店屋等房产地皮面积 150 万平方英尺，捐作集美学校永远基金，并申明："此后本人生意及产业逐年所得之利，除花红外，或留一部分添入资本，其余所剩之额，虽至数百万元，亦决尽数寄归祖国，以充教育费用，是乃余之所大愿也。"

陈嘉庚回国之日，正是五四运动席卷全国，中华民族出现新的觉醒之时，这也给陈嘉庚的办学活动以巨大的推动力。6月24日，陈嘉庚回到故乡集美，亲自勘察地点，很快就看准了厦门五老峰下的演武场一带。演武场是明末民族英雄郑成功练兵之所，清代为阅兵场，鸦片战争以后曾兼作跑马场，后来阅兵与跑马荒废后，成为洋人的高尔夫球场。那里面积宽广，约二百余亩，如把东起胡里山跑台，西至厦港许家村的这片公共山地全部划入，面积可达三千余亩，将来不愁没有发展余地。五老峰下有驰名中外的古刹南普陀寺，南面濒临大海，山水辉映，风景绝佳。此地距市区约五六里，巨轮入港必经附近海面，与南洋交通联系便利，方便侨胞子弟回国求学。从"百年树人"的眼光看，学校规模要发展为数万人，这里的条件最为理想。26日，他高兴地邀同来集美参观的江苏教育会副会长黄炎培到他所看中的大学校址视察，受到黄炎培的不绝赞赏。

选中校址之后，陈嘉庚印发《筹办福建厦门

大学和附设高等师范学校通告》，阐明倡办动机和目的：

专制之积弊未除，共和之建设未备，国民之教育未通，地方之实业未兴，此四者欲望其各臻完善，非有高等教育专门知识，不足以踏等而达。吾闽僻处海隅，地瘠民贫，莘莘学子，难造高深者，良以远方留学则费重难期，省内兴办而政府难期。长此以往，吾民岂有自由幸福之日耶？且门户洞开，强邻环伺，存亡绝续，逼于眉睫，吾人若复袖手旁观，放弃责任，后患何堪设想？鄙人久客南洋，志怀祖国，希图报效，已非一日，不揣冒昧，拟倡办大学校并附设高等师范于厦门。

7月13日，陈嘉庚在厦门浮屿"陈氏宗祠"邀集地方人士开特别大会，宣布筹办厦门大学的计划。他指出，现时我国大学国立仅有北京大学，其余多属外人所办，其科目不过神学、文学、医学而已，如农、工、商等则少有所闻；高等师范仅有五所。他呼吁各方支持，为厦门大学筹集每年数十万或数百万的经费和千万元的基金，并当场认捐开办费100万元，当年交清；经常费300万元，分12年付完。这个数额，和他当时的全部资产相等。陈嘉庚的演讲，引起了强烈的反响。当时黄炎培曾问某闽商："你偿听了这演说作何感想？"回答是："如果不唯陈君是助，就不是人！"足见其感人之深。

1920年1月，汪精卫来漳州找陈炯明。汪精卫曾在新加坡主持《中兴日报》，与陈嘉庚是旧交。陈嘉庚遂特地邀请他来集美参观，向他介绍筹办厦门大学的计划，并聘汪精卫为厦大校长。但不久汪精卫因粤军回粤成功，便以政务繁忙无暇兼顾而辞职。于是，陈嘉庚通过北洋政府教育部另组筹备委员会，以蔡元培、郭秉文、余日章、胡敦复、汪精卫、黄炎培、叶渊、邓萃英、黄孟、李登辉为筹备委员。

厦门大学就在陈嘉庚的积极努力和慷慨捐助下，在闽南矗立起来，成为唯一一所华侨创办的，也是唯一一所个人独资创办的大学。1921年，厦门大学创建伊始，先设师范（分文理两科）、商学两部，本科四年，预科三年。1921年3月1日，在厦门及南洋各埠招收新生96名。下旬，校长邓萃英从北京到校，还带来了一块有北洋政府大总统徐世昌题字的横匾。陈嘉庚见邓不带图书

▽ 厦门大学旧址

仪器而带这不切实用的东西来，心里很不高兴。同时他对徐世昌缺少士人气节嗤之以鼻，便把他赠送的横匾弃置地上，不许悬挂。

4月6日，厦门大学借集美中学新校舍"即温"楼正式开学。校训是"自强不息"。在开学仪式上，陈嘉庚作长篇讲演。他语重心长，期待三五十年后看到中国教育的普及。这一天是陈嘉庚实现倡办大学愿望的日子，也意味着南方专门人才崛起的日子。从此，每年的4月6日也就成为厦门大学的校庆日。

厦大开学后，陈嘉庚又主持了厦大校舍的建设工作。他否认了邓萃英委托上海美国洋行不切实际的设计方案，亲自规划了厦大的蓝图，既考虑到建筑布局的雄壮合理、建筑形式的美观实用，又注重节省，当前先满足各科学生不多的需求即可，但同时要为将来学校的发展扩建留有余地。工地施工时，他亲临现场进行指导。新校舍开工后，一度引起风波。原来，演武场左右和后面山上有不少坟墓、巨石，墓主以这些巨石"风水天成"，反对开采作为石料。陈嘉庚婉言解释无效，只好暂时停工，等墓主走后，仍继续督工开凿。为了迁移坟墓，陈嘉庚派人立牌标记，劝说限日迁移，并在厦门各报刊登启事，声明如不自动迁移，则为代迁，并送上迁葬费。同时在数里外的山腰买一段空地作为迁葬地点。这样，终于克服了阻碍和困难，使建筑工程得以顺利进行。

在校务管理上，陈嘉庚和校长邓萃英一开始便发生分歧。

邓萃英要求把开办费和经常费全部归学校主持人管理使用，并提出除建筑校舍费用以外，其余拟在东三省购买地皮，开垦农田，辗转买卖，作为日后学校的财源，并表示自己可以直接去管理，或者托朋友们帮助管理。陈嘉庚认为把办学经费拿去做投机买卖，是很冒险的行为，而且校长要在校内主持校务，没有时间去东三省直接管理，托朋友去办理更不现实，因此不同意邓萃英的要求。当初陈嘉庚聘邓为校长时，契约声明必须辞去教育部的职务，但邓并没有辞职，当厦大校长不过挂名而已。而且邓所聘来的教员多不合要求，对欧美文化毫不了解或完全不懂外文，其中竟有因贪赃受贿而被革职的知府，这些使陈嘉庚大失所望。在劝留无效之后，邓萃英于 5 月辞职。

邓萃英辞职后，陈嘉庚接连拍了几封电报到新加坡，聘林文庆来接任校长。林文庆是英国爱丁堡大学医学内科学士、外科硕士、香港大学名誉博士，以种植橡胶、提倡中华文化、医术高明和营救过孙中山先生而蜚声海外。他和陈嘉庚同批加入同盟会，民国初年曾被孙中山任命为民政部医药顾问。这时，林文庆刚好接到孙中山从广州发来的电报，召他回国。他把陈嘉庚聘他为

△ 陈嘉庚（左一）、林义顺（左三）、林文庆（右一）等视察初建的厦门大学

厦大校长的事拍电报请孙中山代为决定，经孙中山复电赞成后，林文庆于1921年6月放弃优越的侨居生活举家归国，7月份前往厦大任职。

1922年2月，厦大第一批校舍落成，厦大学生从集美学校迁到新址上课。在校长林文庆的主持下，厦大很快走上正轨。7月11日至14日，在厦门、福州、上海、北京、广州、新加坡和马尼拉七处同时招考新生。9月开学有学生130名，新聘的教员多是留学欧美的教授，阵容可观。

根据陈嘉庚的设想，厦大要办成一个能容纳三四万名学生的大学。这样宏伟的目标，由他一人包办十分困难。于是在厦大开办后，他开始尝试向南洋富商们募捐。当时南洋富商资产在

百万以上千万以上的大有人在，甚至还有亿万富翁。但是陈嘉庚前后三次向几位富商劝募，都遇到了拒绝。陈嘉庚并不因此气馁，始终如一地遵守自己做出的承诺，独自支撑厦大教育经费，倾尽自己的全力支持厦大，在厦大陆续修建校舍。十年后，建成四十多座，三千余间，面积5.6万平方米，使全校师生学习、生活的需要基本上得到满足。学校不断添置图书和仪器设备，图书从开办时的几百册增加到一万四千七百多册（包括期刊）；拥有各种标本一万八千多件；还有各种实验仪器、机器、药品等；同时设立了动物博物院、植物院、气象台、生物材料处、物理机器厂、煤气厂、制革厂等，为教学和科研提供了较好的条件。学校陆续增设科系，到1930年，扩展为文、理、法、商、教育五个学院，分设中国文学、外国文学、哲学、史学、社会学、数学、物理学、化学、动物学、植物学、政治学、经济学、法律学、教育学、银行学、会计学、工商管理学等17个系。厦大注意聘请著名学者充实教师阵容，国学家、文学家鲁迅、陈衍、林语堂、沈兼士、孙伏园、台静农、余謇；语言学家罗常培、周辨明；哲学家朱谦之、张颐；史学家张星烺、顾颉刚、陈万里、郑天挺、郑德坤；教育学家孙贵定、朱君毅、杜佑周、姜琦、邱椿；化学家刘树杞、丘崇彦、张资拱、刘椽；生物学家秉志、陈子英、钟心煊、钱崇澍；数学家姜立夫等都在厦大创办初期来校讲过课。

陈嘉庚经营厦大兢兢业业，并且高度重视办学质量。一次，集美校长应学生之请向陈嘉庚提出，让集美毕业生免试升入厦大，被他拒绝。他坚持必须考试合格才能录取的原则，不为照顾同乡子弟降低厦大的入学资格。因此，厦门大学越办越好，以"面向华侨，面向南洋，注重实用，注重研究"的特色闻名中外，30年代便成为全国著名的大学之一。当时人们评论说："其能超然独立，专心以从事研究者，在华北唯有南开，在华南唯有厦大而已。"因此，厦门大学被誉为"南方之强"。

为了办厦大，陈嘉庚持家俭约，费用"年不过数千，逐月薪水，足以抵过"。当年到他家做过客的张国基先生回忆说："陈嘉庚先生的家在星马市郊丹戎加东，面临大海，风景十分秀丽。但是家庭布置却相当简朴。住家不是高楼大厦，而是普通平房。陈设亦极为朴素，全部家具与平常人家所用无异，一点豪华的东西也看不到。同时，陈嘉庚先生对子女管教很严，不让子女买奢华的物品，不许享受优裕的生活。家里虽然有两部小汽车，儿子陈厥祥每天到城里上学，他却从不同意用小汽车接送，而让厥祥自己去挤公共汽车。"陈嘉庚的第五子陈国庆回忆说："父亲是一个很节俭的人，平日身上现款不超过五元……在他比较年轻的时候，偶然会带妻儿到附近海边游玩，回家的路上顺便吃一杯冰淇淋，这算是在外头最奢侈的花费了。他一生只看过一部电影，是在新加坡首都戏院看的，那是一部为筹赈会义演的片子。他一生只带妻儿到新世界看过一次拳击比赛。"

陈嘉庚从不为倾资办学而沽名钓誉，也反对别人为自己歌功颂德。当厦大新校舍落成的时候，校内同人曾建议把主楼（大礼堂兼办公大楼）用他或陈敬贤的名字命名，他都极表反对，认为命名不应含有私意。后来主楼取名"群贤"，取"群贤毕至"之意。

在创办厦大期间，陈嘉庚还致力扩充集美学校，着重建立培养国家民族建设所需专业人才的专门学校。根据福建省临海，有条件发展

渔业、航海业的特点，于 1920 年 2 月开办
水产科，8 月增办商科；1921 年 2 月新设女
子师范部，并亲自主持建筑了图书馆、科学
馆。医院、立德、立言、博文约礼、即温、
尚忠、诵诗、明良等楼，以及风雨操场、西
膳厅、俱乐部、消费公社等。后来又陆续办
起了女子师范和幼稚师范、商科、农林部、
国学专门部等，形成了一个有相当规模的教
育园地。

➡ 打造橡胶王国

★★★★★

（49—52 岁）

1922 年 2 月，陈嘉庚创办厦门大学后，
回到新加坡。在家乡办学的三年里，他的企
业在激烈的商战中徘徊前进。这对雄心勃勃，
准备滞留数月后便携资回国大举办学的陈嘉
庚来说，大为意外。他清醒地意识到三年里，

自己的办学财源——橡胶业的竞争对手已经有数家。思前想后，他决定暂时取消不久回国的计划，转变方针，全力以赴投入商战，保证为办学提供更多的经费。

从经营菠萝罐头和米业到涉足橡胶业，再到以橡胶业为主业，陈嘉庚用了十几年时间。早在 1916 年到 1917 年间，他就被公认为马来亚橡胶王国的四大功臣之一。1919 年，随着橡胶制品的广泛应用，很多投资者都纷纷将投资的目光放在了橡胶业上，竞争越来越激烈，利润空间越来越小。当年秋冬，他以百万巨额投资买进空地六七万平方英尺，积极营建栈房，但从 1920 年下半年起，新加坡地皮和房价大降特降，不但无利可图，而且资金积压，损失不小。1920 年，"裕源"、"槟城"、"振成丰"三家橡胶公司因胶价下跌和股东意见不合改组，陈嘉庚退出，损失三十余万元。面对挑战，陈嘉庚调整自己，他扩充谦益橡胶厂的规模，将粗加工的生胶厂改为深加工的橡胶熟品制造厂。组建陈嘉庚公司，将谦益以橡胶总公司名义列其名下。

这时，由于橡胶市场接连两年不景气，马来亚各埠的小规模橡胶厂大都亏损，处于停工或半停半作的状态，厂主悲观失望，都想放弃经营。1922 年，陈嘉庚得到这一信息，便亲自到马来半岛各处视察，当机立断收买了当地九家橡胶小厂，并投资扩充厂房设备。此外，他在新加坡恢复和扩充已经停闭两年的"槟城"橡胶厂。以上十家橡胶厂均于 1922 年改造完投入生产，每月可绞出胶布三万余担，得利一百多万元。

陈嘉庚先声夺人，在马来半岛打响了第一枪，使新加坡同业资本家大吃一惊。当时，能与陈嘉庚的"谦益"相抗衡的仅有"信诚"、"振成丰"两家。这两家的老板和股东有的与陈嘉庚是旧交，有的曾是办厂合伙人，有的原是陈嘉庚手下的职员。他们都深知陈嘉庚身手不凡，怕他独占大利。1923 年，两家老板向陈嘉庚提议三家合作。陈嘉庚认为三家都是华侨资本，命运休戚相关，便十分慷慨地答应了，三家一起在律师处签订为期三年的契约。契约规定，三家每采湿胶一担，抽利一元，瞒报每担罚十元，逐月核算，以资本额大小（"谦益"六分，"振成丰"二点五分，"信诚"一点五分）的比率分配，以赢补亏，互相提携。

　　契约生效后的头四个月，"谦益"采胶最多，陈嘉庚重视信誉，每月支出一万余元分配给"振成丰"、"信诚"。可是从第五个月开始，"振成丰"、"信诚"采胶更多，但两家极力赖账，分文不支。后经总商会斡旋，以"信诚"出五千元了结，这件事，虽使陈嘉庚白白支付二万余元，但他信守商业信誉的名声却更大了。

　　1924 年，陈嘉庚继扩充橡胶厂之后，锐意加强橡胶熟品制造厂，起用技术人才，试制各种车轮胎、胶靴鞋、卫生用品和日用品。成功之后，又再扩充厂房机器，投入生产。橡胶制品在当时的南洋是新型工业品，它的优点还不为人们普遍认识，销路不大，商业资本家多不愿代理推销。为使新产品销路畅通，陈嘉庚决定在马来亚、印尼的重要城市设立分行自销，扩大宣传和影响。他亲自遍历雅加达、万隆、泗水等城，访问当地华

△ 陈嘉庚公司旧址

侨巨商，掌握市场信息，同时为厦大募捐基金。
不久，便在马来亚和印尼设立了十余个分店。由
于产品新颖，推销有方，再加上美国汽车工业
生产迅速发展，橡胶业价格大幅度上涨，陈嘉
庚旗下的各胶厂获利从上年的九十余万元增至
一百五十万元。

　　1925 年是陈嘉庚公司登峰造极的一年。这
一年，英政府限制橡胶生产，胶价猛涨，从每担
30 元上提到 50 元，年末更是涨到每担 200 元。
陈嘉庚再接再厉，又在香港、上海等十几个大城

市增设分店，并买入橡胶园五六处，共近一万英亩。此时，陈嘉庚的钟牌商标誉满全球，胶制品畅销各地，陈嘉庚的企业突飞猛进，创造了一年净利780万元的纪录，在华侨中第一个打破英国垄断橡胶市场的局面，成为名震海内外的"橡胶大王"和传奇式的华侨大亨。

当时，陈嘉庚的公司麾下生胶厂12间，橡胶分栈16间，大规模熟胶制品厂一间（职员400人，工人万余人），橡胶园15万英亩，还有饼干厂、肥皂厂、制药厂、制革厂、制鞋厂，公司在五大洲的40个地区设有八十余家分行、代理商一百多家，雇职员2000人，工人三万余人。这样大的规模在当时甚至40年代末都是极为罕见的。

陈嘉庚当时的资产据他自己估计，约在1200万元左右，合黄金100万两。从1904年以7000元投资经营算起，不过二十年，而从1917年开始尝试着经营橡胶业算起，则仅用了八年，其资本增长之快，令人瞠目结舌。

当然，陈嘉庚在当时的华侨中并不算巨富，比他财力雄厚的大有人在。但陈嘉庚的企业经营，从商业进入橡胶种植业和制造工业领域，在华侨经济和华人经济发展史上，无疑是起了先导的作用。第二次世界大战以后，华侨经济逐步转变为华人经济，在经营上已全面进入工业、金融业、建筑业、贸易业等领域。追根溯源，这一变化是从陈嘉庚开始的。在这个意义上，陈嘉庚的企业经营为今日华人经济的发展起了不可磨灭的榜样作用。

那到底是什么原因使他成为传奇式的华侨大亨呢？首先，客观上，第一次世界大战使西方列强无暇东顾，给予华侨民族资本的抬头和成长以特殊的土壤。陈嘉庚正是利用这种历史殊遇，经营海运业而建立发展实业的基础。其次，主观上，陈嘉庚具有经商素质。他善于学习，有眼光，有魄力，会管理，重质量，讲信誉。第三，他不拘一格地起用人才、培养人才，不拘一格重用人才，用人不疑。第四，他善用华侨社会力量为兴办实业和教育服务。陈嘉庚热心支持侨居地华侨的社会活动和慈善事业。特别是 1923 年他出任怡和轩俱乐部总理，进入华侨社会的领导层，使他在华侨中的声望、地位不断提高，这使他的实业得到不能以金钱计算的助力。

⊙→ 实业巨轮沉没

★★★★★ ························ （53-61 岁）

随着战后资本主义经济的复苏，列强借助强权与雄厚的经济实力，开始重新加强对殖民地的经济掠夺，陈嘉庚的实业由此开始遭遇风浪。

1926 年，英、荷等国因为看到橡胶制品利润丰厚而大量投入生产，盲目生产必然造成供过于求；美国在改革橡胶熟品制造工艺上取得突破，不断推出价廉物美的新产品；日本还佐以国家津贴廉价倾销。这些原因导致胶价猛烈下跌，生胶每担从一百七八十元跌至九十余元，使陈嘉庚的橡胶熟品制造厂竞争能力降低，他的橡胶业出现了亏损。加上支付厦大、集美校费、银行利息，共超支一百八十余万元。

1927 年，胶市仍毫无好转迹象。陈嘉庚仍希望橡胶熟品制造厂能打开出路，又在南洋和国内增设十余处分店，又投资承卖环球饼干厂。当年，米店、罐头、饼干各厂略有获利。但除去支付集美、厦大校费和银行利息，共超支 120 万元。

1928 年，由于陈嘉庚积极参与爱国侨民的社会活动，曾在 1928 年日本制造"济南惨案"后组织过募捐和抵制日货活动，并在个人创办的《南洋商报》上揭露奸商私运日货进口的罪行，日商和亲日奸商对他恨之入骨，竟雇人纵火烧毁他的橡胶熟品制造厂新厂，造成陈嘉庚意外损失近百万元（除保险费外损失五十余万元）。陈嘉庚企业每况愈下，三年之内资产损失殆半，仅存实额五六百万元。

1929 年起，资本主义经济危机来袭。风暴袭击之处，物价猛跌，货品堆积如山，工厂、商店倒闭，资本家破产，工人失业。新加坡生胶行情一跌再跌，每担仅值七八元。胶制品无人问津，胶鞋每双从一元多降为二角。在经济危机到来前的三年中，陈嘉庚的企业在外国资本的竞争和打击下元气已失，此时更是毫无招架之力了。1929 至 1933 年，陈嘉庚各厂、各分店受经济危机的影响，损失一百余万元。熟品制造厂旧厂又在 1933 年被焚，而各处的八十余家分店，在恐慌的袭击下管理失灵，乱了阵脚，形成内外交迫的窘境。资金既无法回笼，而集美、厦大的校费的支付又不能停止，于是长期向英国银行借贷，最终酿成无力偿还的局面。

1931 年 8 月，英国政府殖民部通过新加坡银行团向陈嘉庚提出改组公司作为抵债条件，陈嘉庚被迫将公司改组为"陈嘉庚股份有限公司"，将所有资产折价为二百余万元，划归公司名下。由银行团代表三四人组成董事会，下设总经理一人，仍由陈嘉庚担任，月薪 1000 元。这样，陈嘉庚就从大企业主的地位下降为外国金融资本支配下的股份有限公司的一名股东和高级职员了。从此，陈嘉庚的实业再也没有复兴。

当初英国银行团之所以强迫陈嘉庚改组公司，就是为了排挤和控制华侨资本。1933 年，市场有了转机，陈嘉庚正打算扩大生产的时候，一家英国垄断公司拿着汇丰银行的介绍信找上门来，通过新加坡汇丰银行经理，要包销陈嘉庚公司生产的全部胶鞋，陈嘉庚一口拒绝。汇丰银行经理竟狂妄地说："我英国的权利不容他国人染指！"尽管陈嘉庚坚持不让步，但董事会竟越俎代庖地签了字。陈嘉庚气愤至极，决意收盘不干。关于这件事，英国反对党曾在下议院抨击过执政党殖民部大臣缺乏远大眼光，处理不当。一开始任由陈嘉庚在殖民地大规模发展工业，把产品拿来同英国竞争，把盈利汇回中国办教育，违背殖民地利益。等到它发展到很大规模时，才采取不光彩手段，趁着经济不景气的时期，通过银行团的压力迫使陈嘉庚公司关门。这种卑鄙手段，有损大英帝国的声誉。

1934 年 2 月，心灰意冷的陈嘉庚主持召开股东大会，宣告公司正式收盘。就这样，陈嘉庚的实业巨舟在世界资本主义你争我夺的狂风暴雨中沉没，他的遭际其实是成千上万海外华侨实业家悲惨景况的一个缩影。

→ 为教育苦支持

★★★★★
（53—60岁）

陈嘉庚的企业由衰落到最终清盘，国际资本的竞争和排挤是主要原因，而他投入巨资执著于办学，影响了资金的周转和应变能力，也是不容忽视的事实。有人替他算过一笔账，统计他 1904—1931 年间总支出为1321 万元，其中捐资各学校教育费 837 万元，占总支出的 63%，加上为办学而支付的银行利息 380 万元，则占到了 92%。应该说，他的钱大多投给了教育。

陈嘉庚自己也承认这一点，但是他从不退缩。1926—1928 年，陈嘉庚逐年亏损及支出达百余万元，资产损失过半。这时，陈嘉庚仍然极力维持着集美与厦大的经费。1926年提供九十余万元，1927年提供七十余万元，1928年拿出六十余万元。1929年，空前的经济危机席卷了整个资本主义世界，工厂倒闭，工人失业，资本家破产，社会生活一片混乱。陈嘉庚的实业遭到一连串打击，从此一蹶不振。1930年，有人劝他停办学校或缩小学校规模，他坚决不肯，说："两校如关门，自己误青年之罪小，影响社会之罪大……一经停课关门，则恢复难望。"

由于他长期向英国银行贷款，终至无力偿还。1931年，陈嘉庚的公司改组后，陈嘉庚在董事会的牵制下，仍然绞尽脑汁为两校筹集经费。1932年，某外国垄断集团提出以停止维持集美、厦大两校为条件，把陈嘉庚的企业作为附属公司加以"照顾"，他断然拒绝说："宁使企业收盘，绝不停办学校。"1933年，董事会决定把企业全部出租，陈嘉庚与几家承租者约定，将获利的部分或全部充作两校经费，此外，又变卖了厦大校业（橡胶园及陈嘉庚公司股本），并向华侨募捐和借债，竭尽全力维持两校。

在银行团迫使他改组股份有限公司时，陈嘉

庚曾拒绝担任经理。由于公司发生怠工现象，银行团不得不请人说情，请他出山，让他开出条件，他便索要高薪。但在发薪时，他却要银行团把他的薪金汇给集美、厦大作经费。银行团非常奇怪地问，你把薪金汇给集美学校，自己如何生活呢？陈嘉庚答道，我的生活非常简单，每月只需数十元即够用了。又问将如何养家？陈嘉庚说，我的儿女均已长成，能够照顾他们的母亲了。

在陈嘉庚毁家办学精神的感召下，一些爱国侨胞伸出了援助之手，陆续捐款资助，集美与厦大得以继续生存。直到1937年，情况更加困难，陈嘉庚才致信南京政府教育部和福建省政府，自愿将厦门大学捐献给国家，改为国立，自己则集中力量维持集美学校。

他为教育耗尽了钱财，自己过着俭朴简单的生活。他的住所是普通的平房，陈设朴素，家具与普通人家一样，没有一点奢华的东西。他从不为自己乱花一分钱，平时带的现款不超过五元，也不许家人随意浪费金钱。他一生都保持了这种俭朴的本色，在实业鼎盛之时，也从不用于自己享乐。他倾资办学不为利也不图名，反对别人为他歌功颂德。他出资主持修建了集美、厦大一幢幢楼房，没有一座是以他的名字命名的。集美的师生也曾捐款准备建亭为陈嘉庚庆祝五十大寿，陈嘉庚批评这是"沽名钓誉，夸示纪念，制造虚荣"，坚决不受。所以尽管陈嘉庚的企业衰败了，他办的学校也没有标他的姓名，但是他在中国教育史上，在爱国华侨的心中却树起了人人敬仰的丰碑。

老年统领华侨

(1935—1949)

→ 领导华侨抗战

★★★★★

（61-64 岁）

实业衰败的遭遇并没有使陈嘉庚就此销声匿迹。相反，中华民族自救图存、南洋华侨反帝爱国的声浪，把他推上了领导华侨救亡运动的最前沿。

早在 1923 年，陈嘉庚实业兴旺发达的时候，他担任了新加坡百万富翁俱乐部怡和轩的总理，进入华侨社会的领导圈。从那时起，他便致力于新加坡、马来西亚华侨社会的各项活动，把怡和轩当成他的第二个家。在他的锐意改革之下，怡和轩一扫过去嫖赌饮吹的习气，变成了社会运动的发源地。他注意鼓励并吸收星马华侨各帮侨领为会员，以每星期六举行的聚餐会作为联络感情、扩大影响的手段，并在怡和轩三楼设立图书馆，供会员进修研讨之用。这样，他便把星马华侨的优秀人物吸收到自己的身边，为以后成为华侨社会领袖打下了坚实的基础。通过怡和轩俱乐部，他和海峡殖民政府的华民政务司署也建立了较为密切的联系，成了华人参事局的一名参事。

陈嘉庚一向持无党无派的政治立场，他有一个判断是非曲直的标准，那就是中华民族的自立图强。早年，他曾积极赞助过辛亥革命。南京政府成立后，他积极参与各种爱国活动。1928 年"济南惨案"，陈嘉庚通过怡和轩呼吁侨胞救济难民，抵制日货。1931 年九·一八事变，陈嘉庚

◁ 新加坡怡和轩俱乐部——南侨总会办事处所在地

召开新加坡侨民大会，抗议日军侵略。1932年一·二八上海抗战，陈嘉庚发动华侨捐款并致电声援。1935年，中国发生严重水灾，陈嘉庚出任"华侨筹赈祖国水灾会"会长，号召华侨募捐，救济灾民。1936年，他应南京国民党政府之请，负责募捐购买飞机为蒋介石祝寿。这时的他，把蒋介石看做中国的领袖，希望依靠他领导抗战，抵御强敌。1937年七七事变，全面抗战爆发，陈嘉庚领导的华侨爱国运动也进入了一个新的阶段。

1937年8月，新加坡各地各帮华侨统一组织了"新加坡华侨筹赈祖国伤兵难民大会委员会"，由陈嘉庚担任会长。其后在1938年10月，南洋各地包括英属香港、马来亚、缅甸、北婆罗洲，荷属爪哇、苏门答腊、西婆罗洲、西里伯斯，美属菲律宾、法属越南及泰国等地45个华侨筹赈会、慈善会、商会代表齐集新加坡开会，成立了"南洋华侨筹赈祖国难民总会"（简称南侨总会），推举陈嘉庚为总会主席，印尼侨领庄西言、菲律宾侨领李清泉为副主席，设分支机构85处，各处又设分会、支会，共有千余所。参加筹赈会的有闽、粤、潮、客、琼、三江等各帮各行业、工会、妇女会、同乡会、宗亲会、学生会、青年组织、文化组织等各团体的华侨群众。由此，南洋各地800万华侨在民族危亡之际，第一次广泛地组织起抗日救国的联合阵线，投身到挽救民族危亡的洪流中去，以财力、物力、人力支援祖国抗战，形成了波澜壮阔的群众抗日运动，取得了辉煌成就。陈嘉庚身处这一运动的核心，以他强有力的组织能力和领导能力，

△ 厦门大学全景

将这一运动开展得有声有色，为祖国抗战作出了
巨大的贡献。

陈嘉庚领导南侨总会作出的最大贡献是募
集巨款支援祖国抗战。他在各地的机构派出义
务募捐员，每天动员数千人，采取多种办法动员
群众捐款抗日。比如有特别捐、常月捐、货物助、
赈捐、纪念日捐、卖花卖物捐、游艺演剧球赛
捐、舟车小贩助赈捐、迎神拜香演戏捐，在公
共场所设救济箱等，并且在积极组织下，筹赈工
作深入到华侨社会各界各阶层，开展得"风起云
涌，海啸山呼，支持各种对筹款有帮助的各种义
展、义演活动。在南侨总会的筹划热烈情形，得
未曾有；富商巨贾既不吝金钱，小贩劳工亦尽倾
血汗"。

在领导南侨总会期间，陈嘉庚一心扑在救亡工作中，几个月难得回家一次。他坚忍不拔、以身作则，为爱国华侨树立了榜样。在1938、1939、1940三年中，南侨总会为抗战募集的各种款项不下30亿元。以1939年为例，当年的军费共计18亿元国币。华侨汇回祖国之款有11亿元，其中捐款大约占10%，而南侨总会的捐款又占同期华侨捐款的70%。按陈嘉庚的计算，以一元外汇作基金可发行四元货币的通例，华侨捐款可为国民政府增添34亿元的经费，对于抗战是巨大的物质支持。

南侨总会的另一项重大贡献是招聘华侨机工回国服务。1938年广州沦陷后，中国沿海口岸全部被日寇占领或封锁，外援通路基本都被切断，刚刚修成通车的滇缅公路，成为西南大后方唯一的国际通道。滇缅路自云南昆明至缅甸，全长1146公里，海外华侨捐赠的军需物品、药品和各国支援的军火武器，全靠这条路运输。当时更是急需把存放在缅甸的抗日物资运回国内，但又缺乏有经验的汽车司机和修车技工，国民政府西南运输处总处主任宋子良致电陈嘉庚请求支持。对于抗日救国，陈嘉庚自然当仁不让，南侨总会发出通告，号召华侨机工回国服务，要求各地筹赈会，各爱国侨领、侨胞切实认真办理。华侨机工们出于爱国热忱，积极响应，许多人放弃了相对优越的太平生活，自带工具回国效力。几个月的工夫，就组成了三千二百多人的南洋华侨机工回国服务团，从新加坡和榕城分两路出发，奔赴昆明，承担起艰险重重的滇缅路运输重任。

滇缅公路穿行在高山深谷之间，全程一千三百余公里，途经横断山脉、怒山和高黎贡山，跨越水流湍急的漾濞江、怒江和澜沧江，沿途多是深山老林，有悬崖、峭壁、陡坡、急弯、深谷，还有野兽出没、毒虫袭人。抢修而成的滇缅路路面为土筑，坑洼不平，遇到下雨更是泥泞难行，全程要行驶七八天，行车十分艰险。装载军火物资的卡车行驶在这样的深山峡谷中十分危险，稍有不慎就会车毁人亡。由于是战时，还时常有敌机追袭。当飞机来轰炸时，机工们只能跑到山中躲避，待敌机走后再继续开车。遇到大风雨，就只能躲在驾驶室里等天晴。艰难险阻并不能动摇南洋机工为国献身的决心，但是国民党官员腐败贪赃，滇缅路管理混乱，国民党政府对南洋机工们恶劣的工作和生活条件不闻不问，使他们心寒，也使他们的境遇雪上加霜。他们有时在车上挨冻受饿一两天，生了病也没人管，行车到达沿途城镇，还得自掏腰包住宿。这些情况传到陈嘉庚耳中，他十分震惊，当即派出代表回国考察。代表回来后，汇报南洋机工待遇恶劣情况属实。陈嘉庚因此建议:(1)给每个机工赠送蚊帐、毛毯各一件,工作服、卫生衣各一套,羊毛袜两双,

运动鞋一双，奎宁一瓶，共九件物品，于 1939
年底备齐送到昆明。（2）由西南运输处在沿途城
镇设立机工宿舍、医疗站和停车场。陈嘉庚将此
建议电告国民党中央政府，结果却如石沉大海。
陈嘉庚挂念着南洋机工，在 1940 年第二次派人
视察滇缅公路情况，发现陈嘉庚亲自经办的慰劳
机工的物品，大部分都被国民党官员们贪污占用
了。1940 年 11 月，陈嘉庚亲自视察滇缅路，对
机工们受到的恶劣待遇十分气愤，他说，我号召
人家回国服务，想不到有这样令人痛心的事。但
是他从抗战大局出发，仍旧勉励机工努力为国服
务,善始善终,坚持到抗战胜利。为了对机工负责，
他又布置了修理滇缅路狭窄陡险地段，购买新货
车、柏油和保养洗车工具等事。南洋机工们也不
负陈嘉庚和南洋华侨的重托，无论遇到多大困
难，都战斗在抗日运输的生命线上，从 1939 年
1 月开始到 1942 年 5 月滇缅路国际运输线被日寇
切断为止，抢运了四十五万多吨军火物资。

为了向前方抗战将士提供药品，南侨总会还
发动各地华侨捐献并在新加坡设厂自制匹灵片和
仁丹等药。1939 年秋，英德宣战后，海峡殖民
政府禁止物品出口，制药厂被迫停办，后将机器

运回重庆设厂制造。此外，他们还募捐了寒衣 55 万件，救济抗战后方军民。

在陈嘉庚的旗帜下，南洋华侨同仇敌忾，一往无前，从人、财、物各方面支持祖国抗战，在中国抗战史上写下了壮丽的篇章。

→ ## 讨伐卖国贼

★★★★★

（65 岁）

以陈嘉庚为首的南侨总会旗帜鲜明地坚持爱国抗日立场，毫不留情地反对国民党投降派的卖国投降行径。1938 年，国内战局紧张，上海、南京等大城市相继沦陷，国民党内的投降亲日派头目、国民党副总裁汪精卫辞去国防最高会议副主席的职务，专搞投降卖国活动。汪精卫在同日本进行了一系列的幕后交易之后，悍然发表对日和平谈话，主张对日妥协，一时妥协妖风弥漫。陈嘉庚从路透社电传中听到这个消息后认为，日本图谋灭亡我国的野心是连小孩都知道的，与日本谈和妥协必然带来亡国灭族的大祸。这种事只有汉奸卖国贼才做。

他坚持民族大义，不能容忍汪精卫损害民族利益的言行。他先以南侨总会主席的名义致电汪精卫进行规劝：你身居要职，一言兴邦，一言丧邦，如若言和，不但南洋侨胞，而且举国上下皆不能原谅，万望接纳老友忠告，严杜妥协之门。谈"和平条件"，无抗战到底决心，侨众难免不满，和平其实是绝对不可能的，不如拒绝，更能振奋人心。汪精卫回电诡辩称"和平条件如无害于中国之独立生存，何必拒绝"。陈嘉庚又连发三电，痛斥汪精卫的无耻言论："海外全侨，除汉奸外，不但无人同意中途和平谈判，抑且闻讯痛极而怒！"随即把电报公之于众。

1938年10月28日，第二次国民参政会议在重庆召开。陈嘉庚以参政员身份向大会发出"敌人未退出我国以前，公务员谈和平便是汉奸国贼"的电报提案。那时的重庆正淹没在亡国论、主和论的阴郁气氛中，这个电报提案犹如一声霹雳，震撼了会场。依会章规定，提案需20位会员联署才成立。这个提案一到，在会场上签名的人很快就超过了20位。他们在文字上做了修改，全文共11个字："敌未出国土前，言和即汉奸。"按惯例，议长把提案提交大会讨论时，需将提案的题目、内容在会上朗读一遍，这次也不例外。当时，汪精卫以参政会议长的身份正担任大会主席，只得硬着头皮向大会宣读了陈嘉庚的提案，他脸色苍白，狼狈不堪。讨论时，汪精卫神气非常不安，虽有梁实秋等有气无力地为他辩护，但许多参政员受良心的驱使，顾不得"批评官吏就是反对政府"的铁的纪律，奋然起来赞成这个电报提案。汪精卫在陈嘉庚提案攻击下，处境十分狼狈。后来，邹韬奋在《抗战以来》一书中评论说："提案的内容，只是这寥寥十一个大字：'敌未出国土前，言和即汉奸。'这寥寥十一个字，却是几万字的提案所不及其分毫，是古今中外最伟大的一个提案。"

在舆论谴责声中，1939年12月18日，汪精卫出逃越南。22日，日本首相近卫文麿发表"调整日本与新中国的基本原则"的声明，内容有三：第一是满洲国与中国完全外交之建立；第二是中日反共公约之缔结，附有

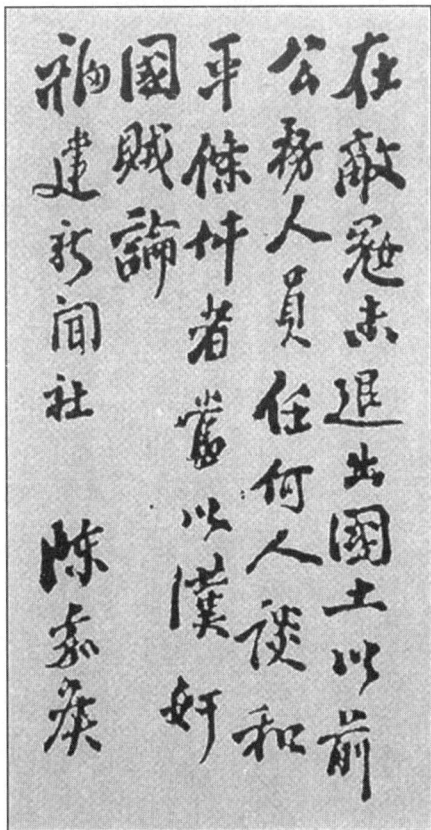

在敌寇未退出国土以前
公务人员任何人徒和
平条件者当以汉奸
国贼论
福建新闻社
陈嘉庚

△ 古今中外最伟大的一个提案

各地之驻兵权；第三是在平等地位上中日经济合作，附有日本人在中国内地居住、营业自由、华北与内蒙之资源特权。28日，汪精卫自河内致信重庆中常委和国防最高会议，提议"我方应答以声明，以之为和平谈判之基础"。陈嘉庚得讯后，立即致电蒋介石，指出："汪精卫甘冒不韪，公然赞同日寇亡国条件，稽其行迹，不仅为总理之叛徒，抑且为中华民族之国贼！"强烈要求国民政府"宣布其罪，通缉归案，以正国法，而定人心"。蒋介石复电陈嘉庚，说对汪精卫"中央已有处置"。实际是1月1日仅宣布开除汪精卫的国民党党籍，革除一切职务，以搪塞国内外舆论，既未进行通缉，也未宣布国法处分。1939年4月13日，陈嘉庚又致电国民党中央党部、军事委员会、国民政府及国民参政会，指出"独容汪贼及其党羽逍遥法外，实南洋八百万侨众所莫解"，要求严加追究。汪精卫公开投靠日本后，派人在南洋到处活动，散发宣传品，企图淆乱视听，破坏抗战。南侨总会又发出通告，揭露汪精卫的罪恶。

由于国民党蒋介石集团的姑息、纵容，汪精卫集团接受了日本条件，屈膝卖国，于1940年3月在南京成立傀儡政府"伪国民政府"，汪精卫任代理国民政府主席兼行政院院长。

而陈嘉庚坚持民族气节，以无党无派的身份、除恶务尽的决心，对汪精卫的无情讨伐，在当时国内外的反汪运动中起到激昂民族正气、奋发抗敌斗志的作用，使汪精卫的卖国政府始终陷于孤立地位，打击了暗藏在抗日阵线内部的"张精卫"、"李精卫"的阴谋，为坚持抗战、坚持团结作出了杰出的贡献。

→ 组团回国慰问

★★★★★

（66 岁）

1939 年冬，抗日战争已坚持了两年，中华大地遭日寇践踏，抗日烽火遍地燃烧。由于战火阻断了华侨回乡之路，南洋侨胞更加思念祖国，关心抗战局势，但苦于对国内情况知之不详。在此情况下，陈嘉庚发起组织"南洋华侨回国慰劳视察团"（简称慰劳团），派华侨代表回国慰劳抗战将士和同胞，了解抗战局势，登报通告南洋各地华侨筹赈机关派代表参加。

新加坡国民党人对华侨一向自称代表祖国抗战政府，对重庆政府又冒认是爱国华侨的领袖，把广大侨胞踊跃支援抗战的贡献掠

△ 陈嘉庚与慰问团部分成员合影留念

为己有。如果慰劳团成行，他们的卑鄙面目将要
败露，所以不惜千方百计加以阻挠。他们在报
章上攻击回国慰劳是"无谓应酬，无丝毫实益"，
甚至化名致电重庆，诬告慰劳团大半是共产党
人。新加坡总领事高凌百亲自向陈嘉庚毛遂自荐
充当代表。陈嘉庚因为自己不懂普通话，年老怕
寒，腰骨酸痛不能久坐，原不打算回国。由于高
凌百举动反常，他不放心，感到非亲自回去不可，
便匆促做出决定，电邀"南侨总会"副主席庄西
言、李清泉同行。庄西言回电同意，李清泉去美
国未归，陈嘉庚便约"南侨总会"秘书李铁民同往，
兼任翻译。

1940年2月，慰劳团团员50人分批启程回国。除菲律宾、香港、安南、缅甸等处代表就地启程外，其余三十多人到新加坡集合，选出团员和职员，于3月6日搭"丰庆"轮赴仰光，经昆明转往重庆。陈嘉庚和李铁民则迟至15日动身，在仰光和庄西言会合。26日从仰光乘飞机直达重庆。

由于陈嘉庚在华侨中有巨大的号召力，他领导华侨筹赈成绩卓著，国民党政府对他回国一事十分重视。他们把陈嘉庚看成一个大财神，出动了许多党政军大员来欢迎接待他，企图拉拢他为国民党政府效力。为此，国民党当局拿出八万元经费，准备举行一系列大小宴会讨陈嘉庚的欢心，没想到陈嘉庚对这一套极为反感。刚到重庆机场，陈嘉庚对记者发表即席谈话，表示此次回国，一是向抗战军民致敬慰之意；二是考察战时国内状况，带回南洋向华侨报告宣传，推动募捐支持祖国抗战。至于考察行程，不便预告，如果延安可以去，准备亲自去视察。并声明此行不是游历应酬，希望各界极力节省无谓宴会，最好联合一次便足。发表完演说后，他拒绝乘轿，坚持步行，上了300级石阶到达岸上，然后和庄西言等乘车抵嘉陵招待所下榻。到了下榻处，他听说政府已拨款八万元，由组织部、政治部、海外部派员接待，市内有名旅馆一、二等房间均被保留供慰劳团住宿，认为这是大事铺张，便在第二天各日报上刊登启事："闻政府筹备巨费，招待慰劳团，余实深感谢。然慰劳团一切费用已充分带来，不欲消耗政府或民众招待之费，愿实践新生活节约条件，且在此抗战中艰难困苦时期，尤当极力节省无谓应酬，免致多延日子，阻碍工作，希望政府及社会原谅。"又托人向组织部借用空屋两间，为慰劳团住所；向某社团借来桌椅、盘碗，准备自办伙食。

由于种种原因，慰劳团4月14日才到达重庆。在重庆，陈嘉庚和蒋介石有过两次会面。第一次在3月28日，即抵达重庆的第三天，蒋介石同宋美龄接见了他。因是初次见面，除了互相问候之外，双方都没有详谈。他得到的印象是："蒋介石好像皇帝。"第二次在十余天后，蒋介石夫妇设宴招待。席间，蒋介石问起到重庆后所见景况如何，陈嘉庚答说：对政治是门外汉，愧不能言；工厂却还没有工夫参观。不过经过全市街道，看见大兴土木，交通便利，大有蓬勃气象，实堪欣慰。唯人力车和汽车很不整洁，与马来亚等地大不相同。马来亚等地凡有不整洁车辆被禁戒极严，所以车主每天必须洗刷干净。这样做不仅保护车辆，而且有助卫生和大众观瞻。蒋介石一听大喜，当场登记于手册。

陈嘉庚在重庆开始考察，出席了各种欢迎会，参观了街市、机关、工厂，看到大后方灯红酒绿，一派腐朽颓风。尤其对国民党要员的贪污营私深感不满。他赴宴曾经去过的嘉陵宾馆，修建得富丽堂皇，要不是孔祥熙亲口承认，陈嘉庚简直不敢相信这是行政院长私人开的。他从孔祥熙长期担任国民党政府要员，竟敢公然私营企业，搜刮民财，联想到国民党高官贪污腐

△ 1940年3月，陈嘉庚率领"南洋华侨回国慰劳视察团"回国慰劳抗战军民，于12月31日返回新加坡，历时十月余，遍历西北、西南各省，慰劳抗日将士，呼吁团结抗战，赢得了广大同胞的尊敬和钦佩。图为慰劳团抵渝时，旅渝厦大、集美校友向陈嘉庚献旗。

化当不是谣传。

　　他在重庆逗留期间，拜访了自蒋介石以下的许多国民党高官，多数没给他留下什么好印象。回国之前，陈嘉庚在政治上不偏不倚，一心一意拥护国民党中央团结抗日，认为拥护抗战的统帅天经地义。这次回国亲眼看到了当局消极抗战，人民生活悲惨，官吏贪污腐化，不禁大失所望，对国家前途感到渺茫。他私下对人说："那些国民党中央委员都身居要职，但都假公行私，贪污舞弊，生活奢华。那些人都是四五十岁，既不能做好事，又不会早死，他们至少还要在位二三十年。中国的救星不知在哪里？即使出世了，或者还在学校读书，恐怕还要三十几年后才能出来担当国家大事，国家前途深可忧虑，但现在又不能说。"心中十分苦闷。

特别是在和行政院长孔祥熙、教育部长陈立夫的谈话中，得知国民党政府准备把厦门大学改为福建大学，战后拟迁往福州，心中更为不快。3月，他在国民参政会举行的茶话会上，公开提出质问：（一）新加坡华侨陈笃生创办平民医院，死后由殖民政府接办，尚不肯埋没创办人名誉，命名为"陈笃生医院"，而厦门大学不曾用陈嘉庚命名，反欲如是摧残，诚所不解！（二）厦门大学是我国研究海洋生物的重要基地，为世界所公认，为何要任意改名？甚者准备放弃？（三）厦门是福建华侨唯一出入门户，如无故将厦门大学改名，难免使华侨产生疑问心理，影响筹赈和侨汇收入。陈立夫被质问得狼狈不堪，两天后亲访陈嘉庚，表示此事从此作罢，决不再提，厦门大学终于被保留了下来。

在此期间，中共参政员叶剑英、林伯渠、董必武专程探访了陈嘉庚，并赠送陕北出产的羊毛衣三件。宾主就解决国共两党摩擦问题交谈了几个小时。这是陈嘉庚和中国共产党人的第一次接触，了解到了中国共产党一致对外的诚意。

陈嘉庚5日飞往成都，蒋介石正好也到了成都。他请陈嘉庚赴宴，宋美龄在旁作陪，探问他的行程安排。陈嘉庚告诉蒋介石，他要去兰州和西安。蒋介石追问他还要去什么地方，陈嘉庚明白了蒋介石的意思，便直截了当地说，如果有车，他想去延安。听到这里，蒋介石就大骂起共产党来，什么"无民族思想"、"口是心非"、"背义无信"等等，意图叫陈嘉庚不要去延安。陈嘉庚说，我的职责是代表华侨回国慰劳考察，凡是交通没有阻碍的重要地方，我不得不亲自去看看，以尽我的责任，回海外也好据实向华侨报告。蒋介石再没理由阻止陈嘉庚，却没忘"提醒"他切不可受共产党的欺骗。这一席话，使陈嘉庚深感蒋介石对中共成见很深，更加为团结抗战担忧。

5月30日，陈嘉庚一行从西安出发，乘坐第十八集团军办事处派出的两辆汽车，向延安进发，临出发前，陕西省政府一个科长也乘一辆车赶来"陪同"。途中，遇到一些"民众"往陈嘉庚的车上递攻击共产党的"控诉书"，内容都大同小异。陈嘉庚不难识破这种导演出的把戏，他把"控诉书"拿给科长看，然后撕碎弃置路旁。

➡ 前往延安考察

1940年5月30日，陈嘉庚结束在西安的慰劳考察活动，登上了访问延安的征途。中共中央在延安的机关报——《新中华报》，用了几乎整版的篇幅刊载全国记者协会主席范长江从重庆发来的《陈嘉庚先生印象记》，并加了编者按，介绍陈嘉庚的爱国事迹和南洋华侨回国慰劳团的任务。

5月31日，陈嘉庚抵达延安。城南公路两旁站满了欢迎的人群。当陈嘉庚一行走下汽车的时候，"欢迎陈嘉庚先生莅临延安！""向陈嘉庚先生致敬！""向海外爱国侨胞致敬！"等口号声震天响。前来迎接的王明、吴玉章、高自立、肖劲光、周士第、曹菊如等同陈嘉庚等一一握手，然后陪同他们到边

△ 延安各界热烈欢迎陈嘉庚先生

区招待所稍事休息。接着，在南门外体育场举行延安各界代表欢迎大会。

陈嘉庚到杨家岭看望毛泽东主席时，毛主席已在门前等候。大家走进窑洞时，陈嘉庚看见屋内布置简单，摆设只有一张陈旧的写字桌，另有十余张大小高低不一的木椅，都是些乡村农民用的旧式家具，给他留下了难忘的印象。毛泽东本人衣着朴素，招待陈嘉庚的晚餐仅仅是白菜、咸饭和一碗鸡汤。毛泽东特意说："我没有钱买鸡，这鸡是邻居老大娘知道我有远客，送给我的。"陈嘉庚平生第一次赴这种由重要人物邀请的俭朴的宴会，饭菜虽然简单，但是陈嘉庚吃得非常舒心。

晚餐后，毛泽东、朱德、王明陪同陈嘉庚等到中央党校内的中央大礼堂，参加延安各界欢迎

△ 陈嘉庚出席延安各界欢迎会

陈嘉庚先生晚会。当时整个礼堂一把椅子都没有，所有座位都是钉在木桩上的长木板。陈嘉庚欣然在礼堂中间靠前的木板上坐下，紧靠在毛主席的身旁。

抗日军政大学在三分校召开欢迎陈嘉庚、茅盾、张仲实诸先生大会并庆祝该校成立四周年。朱德陪陈嘉庚等到校时，学员们正在举行篮球赛。有一学员高声大呼："总司令来比赛一场！"朱德和许光达校长欣然答应，脱去外衣上场。在与各位学员的比赛中，朱总司令投中四球，博得全场热烈的欢呼与掌声。陈嘉庚在场外看呆了，他没想到这位统率千军万马的总司令，在球场上竟也是一员猛将！而官兵打成一片的"无阶级"的融洽关系，更使他敬佩不已！离开抗大前，抗大代表向陈嘉庚赠送了八路军灰色军衣一套。

陈嘉庚印象最深刻的是共产党领导人与群

众打成一片。在总司令部，长官与士兵的伙食一样，食堂没有固定的座位，一台八个人坐满了就可以开饭。陈嘉庚曾亲眼见到总司令朱德迟到，自己盛了饭插进勤务兵中间狼吞虎咽地吃起来。陈嘉庚拜访毛泽东时，谈话中朱德、王明和几个华侨学生先后很随便地走进来，加入了谈话。又一次，陈嘉庚介绍南洋的情况，总司令部的人都来参加，一个战士迟到了，看见毛泽东身边略有空隙，就挤进去坐下，毛泽东也往旁边移了移，让他坐得舒服一点。这一切，都使陈嘉庚感到惊奇。回想

▷ 陈嘉庚（前中）与李铁民、侯西反等抵达延安时留影

蒋介石接见时，好些中央大员都早早在内等候，蒋介石的车一到，传令兵高喊："蒋委员长到！"全体人员立刻起立，大气不出。等到蒋介石进来，卫兵为他卸去大氅，他挥手请大家就坐，众人才惶恐就坐。相形之下，延安解放区领导人平易近人，相亲相爱，有如兄弟。

陈嘉庚留心观察了延安社会。他曾信步来到延河边，观看男女自卫队员拿着红缨枪、大刀列队操练和练习投弹，日本反战同盟的男女盟员在岸边洗衣服。他在南门外唯一的商业街亲眼看到商店私营，营业自由；居民行路来往，坐谈起居，秩序井然，没有衣着破烂、面黄肌瘦的人。男女衣服均极朴素，虽男女同坐，没人有戏言妄语和非法举动。陕北革除了缠足的恶习，鸦片也被严禁。边区农民生活有所改善，教育也有很大发展，共产党人和解放区人民埋头苦干，社会风气淳朴，社会秩序安定。

为了满足陈嘉庚想加深了解边区的心理，陕甘宁边区政府特邀请各方面人士到交际处同陈嘉庚晤谈。陈嘉庚在延安特别同华侨子女进行了多次晤谈，反复向他们了解共产党、八路军是真的打日本还是打内战，共产党是否不讲伦理道德，毛主席关心不关心老百姓的生活，陕北老百姓拥护不拥护共产党，又问他们是怎样到延安的，生活习惯不习惯。这些华侨青年告诉陈嘉庚，只有共产党、八路军是真正抗日救国的，南洋不少青年学生在延安学习后都已经奔赴抗日前线，有的还牺牲了。但是国民党当局用华侨捐献的巨款买来飞机大炮不去打日本，却专门用来对付共产党、八路军，用几十万军队包围陕甘宁边区，到处搞摩擦。为了抗日救国，为了解放区人民的生存，共产党号召军民开荒种粮，养猪种菜，自力更生，自给自足，粉碎了国民党对解放区的封锁。华侨青年们说，延安的自然条件很差，生活很艰苦，但是他们的精神非常愉快，大家互相帮助，互相学习，共同提高，男女平等，互相尊重，国民党说什么共产党"共产共妻"是造谣污蔑。

华侨子女的肺腑之言彻底打消了陈嘉庚的疑虑。他通过亲眼所见，亲耳所闻，得出了同国民党宣传相反的结论。他相信了共产党抗日救国的诚意。当毛主席拜托他见到蒋介石代为表白共产党抗日救国的诚意，并将在延安的所见所闻向侨胞介绍时，他一口答应，决意"凭自己的人格与良心，决不指鹿为马，不待到南洋，就是出延安界，如有关人问余所见闻者，余定据实报告"。

7日晚上，延安各界在中央大礼堂举行盛大的欢送晚会。毛主席、朱总司令和吴玉章、肖劲光等领导同志及各界人士一千余人出席了晚会。最后，留延华侨代表致欢送词，并向陈嘉庚敬献锦旗两面，一书"为国宣劳"，一书"为祖国独立自由幸福而战!"8日清晨5时,陈嘉庚一行在陕甘宁边区政府、八路军留守处领导及延安各界代表的欢送下,惜别延安继续东行。

　　这次延安之行虽短短几天,但陈嘉庚亲见亲闻延安的实况,在思想上引起剧烈的变化。他看到了中国的希望和光明,认定国民党蒋政府必败,延安共产党必胜。这是他继投身辛亥革命后思想上的一次决定性的转折。后来,他在《南侨报任务与中国前途》一文中说:"本人往延安前多年,屡见报载中国共产党凶恶残忍,甚于盗贼猛兽,及至重庆,所闻更觉厉害,谓中共无恶不作,横行剥削,无人道无纪律,男女混杂,同于禽兽,且有人劝我勿往,以免危险。及到延安,所见所闻,则完全与所传相反,由是多留数天,多历陕北城市农村,多与社会领袖及公务员接触,凡所见闻,与延安无殊,即民生安定,工作勤奋,风化诚朴,教育振兴,男女有序,无苛捐杂税,无失业乞丐,其他兴利除弊,难于尽述,实为别有天地,大出我意料之外。"

考察后的遭遇

    1940 年 6 月 8 日，陈嘉庚一行离开延安后赴各地继续考察。一路上，国民党当局又不断制造一些骗局，污蔑共产党，一些党政要人也在陈嘉庚面前对共产党谩骂诅咒。陈嘉庚则不动声色，冷眼旁观。

    慰劳考察的结果，陈嘉庚对国家前途的看法已经变了，他对中国的未来不再悲观。他计划到峨眉山避暑后，返回福建参观考察滇缅公路后回新加坡。任务结束后，陈嘉庚对团员们说："我未往延安时，对中国前途甚为悲观，以为中国的救星尚未出世，或还在学校读书。其实此人已经四五十岁了，而且已做了很多大事了，此人现在延安，他就是毛泽东。"

7 月中旬，陈嘉庚回到了重庆。24 日，他应邀到国民外交协会作讲演，演讲《西北之观感》。这回讲演会虽然处在轰炸的疏散期，又下着大雨，但人们对他的延安之行充满好奇，会场坐得满满的。陈嘉庚在讲演中如实介绍了自己在延安的见闻，列举他在延安看到的种种新气象：那里的人都很自由，民众生活很好，教育收到了很好的成绩，一年之内开垦了百多万亩田地，毛泽东住在简朴的窑洞。他还呼吁举国一致，团结抗战。

　　陈嘉庚的演讲，言人之所不敢言，以事实矫正了抗战大后方的错误视听，一时传遍重庆山城，因而引起国民党人的不满和恐慌。当时重庆的十一家日报，有五家拒绝报道，五家只刊登一点内容，只有《新华日报》以特写的形式对此做了详细报道。

　　陈嘉庚离开重庆前，又见到了蒋介石。陈嘉庚婉转地规劝国民党要革新政治，蒋介石竟气急败坏地喊叫起来："抗战要望胜利，必须先消灭共产党！若不先消灭共产党，抗战决难胜利！此种事外国已多经验，凡国内反对党必先消除，对外乃能胜利。此种话我未尝向人说出，今日对你方始说出，确实如此！"盛怒下的蒋介石说出了他把共产党视为心腹之患，仇视共产党甚于日本侵略者的心里话。陈嘉庚不打算同他争辩，只是直截了当地告诉蒋介石："华侨心里，甚盼望祖国团结一致对外，若内部事待胜利后解决，况共产党无军械厂，实力单薄。"临分别时，蒋介石把自己的手杖拿给陈嘉庚用，以此笼络陈嘉庚。宋美龄再三提醒陈嘉庚，希望华侨多多捐助难童费。

△ 陈嘉庚当选为第二届南侨总会主席

　　陈嘉庚经云南、贵州、广西、湖南、广东、江西、浙江返回福建。在福建的五十多天里，他视察了南平、崇安、建阳、邵武、古田、福州、泉州、南安、永春、安溪、厦门、漳州、龙岩、长汀、连城、永安、大田诸县，亲眼看到福建当局假借战时统制经济的名义，垄断粮食、交通等业，弄得民不聊生。他在以后的行程中继续用自己的眼睛观察着，继续用自己的头脑思索着，对国民党的黑暗统治有了更深的认识。他坚持自己的良知，依然敢怒敢言，为水深火热中的平民百姓仗义执言，向当局或直接向国民党中央呼吁，得到的只是一纸"护恶讳疾"的回电。他决定发动国内各省福建同乡会和南洋闽侨进行救乡运动，并自费印刷材料、传单，在海内外散发。陈嘉庚视察滇缅公路，慰劳华侨机工之后，于1940年底回到了新加坡。他离开祖国时，对蒋介石已经不存在任何幻想。

1941年1月5日，新加坡筹赈会计划召开欢迎陈嘉庚胜利归来大会。国民党人吴铁城见报后，即以"陈嘉庚将宣传共产，对中英均不利"为由，唆使英籍随员出面向新加坡殖民政府要求禁止。由于殖民政府不相信，结果无效。

南侨总会准备在3月29日召开第二届大会。菲侨出身的国民党中央常委王泉笙奉命劝说南侨总会副主席庄西言推翻陈嘉庚的领导地位，遭到严词拒绝。陈嘉庚对国民党人的破坏活动感到痛心，他不愿侨胞在抗战期中自相倾轧，慨然在报上登出启事，辞去南侨总会主席职务。消息传开，海内外同胞纷纷函电挽留，日以数十封计。3月29日上午，第二届南侨大会如期在新加坡开幕。陈嘉庚会上揭露高凌百、吴铁城破坏华侨团结、亲德拥汪、护恶逞势、助纣为虐种种罪恶。

31日下午，大会选举第二届"南侨总会"正副主席。陈嘉庚虽一再表示辞任，但投票结果仍以151票赞成、1票反对的绝对优势连任主席，庄西言和杨永泰（菲律宾侨领）当选为副主席，国民党人剥夺陈嘉庚华侨领导权的阴谋至此彻底破产。南侨大会之后，陈嘉庚接着主持闽侨大会，正式成立南侨闽侨总会，并被推举为总会主席。

在陈嘉庚领导下，南洋华侨的救亡运动继续轰轰烈烈地展开。为了声援抗战，陈嘉庚还支援受迫害不得不暂避海外的文化界进步人士。全国记协主席范长江从重庆到香港主办《国际新闻社》，写信向陈嘉庚求助，陈嘉庚立即汇去港币一万五千元。范长江继又倡办《华商报》股份有限公司，陈嘉庚慨然认股一半，即港币四万元，先汇去两万元。邹韬奋秘密来港复办《大众生活》周刊，郑书祥、吴金卫创办《香港中国通讯社》，都得力于陈嘉庚的资助。

这年10月，南洋师范学校冲破国民党的阻挠和破坏，正式开学上课，有学生二百三十余名。正当陈嘉庚积极筹划进一步扩充的时候，日寇南进的铁蹄却日益逼近了。

→ 爪哇避难生活

★★★★★ (68—71岁)

1941年12月8日凌晨,日军轰炸新加坡,太平洋战争全面爆发。接着,日军在马来亚登陆,凶报不断传来,新加坡形势显得十分危急。

在战争临头的紧要关头,英军匆忙撤退,陈嘉庚挺身而出,组织华侨挖防空洞坚守。新加坡总督汤麦斯迫于形势,于26日派人请陈嘉庚出面组织"新加坡华侨总动员会",协助英政府抗战。陈嘉庚考虑到中英已成共同战线,不理睬蒋介石委托党部、报馆、社团机关协助英政府的电令,毅然于30日在中华总商会召集全体华侨开会,成立"新加坡华侨抗敌后援会",下设"保卫团"、"宣传股"、"民众武装股"和"劳工服务团",亲任会长,在晋江会馆设立办事处。从此，新加坡华侨抗敌救援活动便轰轰烈烈开展起来。

然而此时，战局正在急转直下，日寇在马来亚步步进逼，殖民地的英国军队一败涂地，仓皇撤退，到1924年1月底，除新加坡外，其余地方均落入日寇之手。还在殖民政府放弃槟榔屿时，殖民当局将英国人撤退到新加坡，而对其他居民撒手不管，卑鄙自私暴露无遗。1月，英国决定放弃新加坡，开始撤退人员，到月底已大部撤完，却秘而不宣。1月30日，陈嘉庚闻讯去见新加坡总督，又得知蒋介石曾致电新加坡总督，要求必要时设法保证国民政府领事馆官员安全回国。无论是殖民地当局，还是国民党政府，完

▽ 陈嘉庚在爪哇的避难处之一

全无视华侨领袖和民众的安全。特别是被华侨
视为祖国代表的国民党当局，花着华侨用血汗换
来的巨款，却在生死关头把他们抛弃，使他们再
一次领受到"海外孤儿"的滋味，怎不让他们感
到寒心和愤慨。与陈嘉庚同去见总督的另一侨领
当时就气愤地说："蒋介石不认我们是中国人了！"

　　1月31日，英军炸毁柔佛通向新加坡的铁桥，
切断了与马来亚的交通。入晚，又从新加坡军港
发射火炮炸毁柔佛所有高大的建筑物。2月1日，
放火焚烧军港内的十个贮油池，浓烟弥漫中天，
新加坡成了一座危城。陈嘉庚遂决定离开新加坡
前往印尼的苏门答腊。

陈嘉庚决定撤离。2月2日，他把负责多年的南侨总会、闽侨总会及南洋师范学校、集美学校的有关事务一一安顿妥当，来不及和家人话别，便于第二天清晨与友人乘小汽船离开了新加坡。陈嘉庚清楚，由于他对延安，特别是对国民党政府贪污腐化、祸国殃民行为说了实话，因而有国不能回，国民党决不容他立足，因而就近驶往荷属印度尼西亚。

2月4日中午抵达苏门答腊的淡美那。当地县长认为入境手续与常例不合，需请示上级处理，只好暂留以待。直到9日得到通知放行，即坐原船驶往宁岳。

22日晨，陈嘉庚、刘玉水在吴顺通的陪同下，离开苏门答腊，几经周折，于2月28日抵达雅加达。可就在这天夜里，日军在爪哇登陆，雅加达也不能待了。陈嘉庚又开始逃亡，辗转芝安士、苏腊卡尔塔等地后，在玛琅安顿下来，住巴蓝街4号。陈嘉庚化名李文雪，与厦大、集美校友黄丹季和郭应麟、林翠锦一家同住作为掩护。后来为了安全又搬过几次家，最后在巽勿佐村居住到战争结束。

日军侵占南洋的时候，曾四处搜捕华侨领袖，陈嘉庚陷于敌人包围之中，年近70岁高龄东奔西走，几次遇险，由于他处惊不乱，加上校友们应对有方，才得以转危为安。一天清晨，日本宪兵突然包围了他们的住所，穷凶极恶地敲门，直到冲进院子，才发现搞错了，原来他们是来抓邻院荷兰人的。又一次，陈嘉庚正在屋内躺椅上看书，一个日本军官闯了进来，用印尼话大声问你是谁，陈嘉庚镇静地坐了起来，一言不发，日本人正要发作，黄丹季闻声赶来，机智地示意老人耳聋，才算解了围。在这些艰难的日子里，不时传出流言，什么"陈嘉庚潜入爪哇"了，什么"陈嘉庚被逮捕了"等等，使侨胞们深为他的安全担心。陈嘉庚却对身边的校友说："人生自古孰无死？万一不幸被捕，敌人必强我作傀儡，代他说好话，我决不从！那时一死以谢国家，有什么不得了！我这么大一把年纪，死也不算夭寿，你们千万不可为我着急。"在这样大义凛然的精神支配下，陈嘉庚身处险境仍从容不迫，生活简朴而有规律，早睡早起，做操散步，还曾租了小块土地指导校友种菜，收获不菲。

1943 年 3 月，陈嘉庚有了写回忆录的念头。他选定的主题是华侨在抗战中的努力。于是，他开始在敌人眼皮底下撰写回忆录。他记述写回忆录的缘由说："此回忆录盖为纪念华侨参加抗敌而作。"他要使"海内外同胞知南侨对抗战之努力，以及对祖国战时经济之关系"。他说："个人经历虽不足道，然所见所闻多属确切事实，有裨社会观感，且使后人知当祖国抗战时，南洋华侨之工作情况，庶不致误以为当我国有史以来所未有之危险期间，海外南洋千万人之华侨，尚坦然置之度外而忘祖国也。"

1944 年 2 月初，隔邻辟为日本军官疗养所，敌人来往频繁，容易暴露，便于 7 日移居巽勿佐村，向管理机关租来一座原荷兰人的房屋，自题为"晦时园"。陈嘉庚在这里继续写回忆录，到 4 月 14 日，耗费了一年的心血，一部 30 万字的回忆录脱稿，定名《南侨回忆录》。陈嘉庚在书中为我们展现了他和南洋华侨爱国爱乡、抗敌报国的奋斗轨迹，记录了南洋华侨在民国建立后为祖国作出的贡献，也坦露了老人忧国忧民的爱国情怀。在书末，他附诗一首以述志：

胜利未达，敌寇未败，潜踪匿迹，安危未卜，余唯置生死于度外，作俚诗一首以见志。

领导南侨捐抗敌，会场鼓励必骂贼。

报章频传海内外，敌人恨我最努力。

和平傀儡甫萌芽，首予劝诫勿昧惑。

卖国求荣甘遗臭，电提参政攻叛逆。

强敌南侵星岛陷，一家四散畏虏逼。

爪哇避匿已两年，潜踪难保长秘密。

何时不幸被俘掳，抵死无颜诣事敌。

回检平生公与私，尚无罪迹污清白。

冥冥吉凶如有定，付之天命惧何益。

1945 年 4 月，日本小矶内阁倒台，由 79 岁的海军上将铃木继任首相，日本陆军少壮派失势。此后，战局急转直下，8 月，日本宣布无条件投降。陈嘉庚结束了避难生活，10 月，安全回到新加坡。消息传开，群情欢腾。新加坡 500 个华侨社团

華僑旗幟　民族光輝
陳　嘉　庚

联合举行了欢迎会。11 月 8 日，重庆发起"陈嘉庚先生安全庆祝大会"，郭沫若、黄炎培、柳亚子、陶行知、沈钧儒等著名爱国民主人士都参加了庆祝会。毛泽东送来了条幅，上书：

华侨旗帜、民族光辉。

周恩来、王若飞送来了祝辞：

为民族解放尽最大努力，为团结抗战受无限苦辛，诽言不能伤，威武不能屈，庆安全健在，再为民请命！

冯玉祥送来了贺词：

陈先生，即嘉庚，对人好，谋国忠，一言一动皆大公，闻已返旧居，远道得讯喜难名。

大会由邵力子主持，他热情赞颂陈嘉庚的一生是"兴实业，办教育，勤劳国事，言人之所不敢言，为人之所不敢为"。

日本侵略者刚被赶走，中国又陷入了内战危机，光明与黑暗的决战即将来临，陈嘉庚继续为维护华侨的正当权益奔忙着。他放弃了无党无派的政治立场，公开站到了人民解放事业一边，对中国革命的胜利，作出了新贡献。

→ 投身解放事业

☆☆☆☆☆

（72—74 岁）

日寇投降后，陈嘉庚即在爪哇发出《南侨总会通告第一号》，号召各地侨领迅速组织调查委员会，调查华侨在战争中所受生命财产的损失，呈请中外政府严惩罪犯，赔偿损失。回到新加坡后，他即领导星华筹赈会调查委员会开展工作。为了"详载我华侨之惨遇与牺牲，永为后人观感之资"，他发起编辑《大战与南侨》一书。为使华侨在两三年内恢复前业，他极力推动华侨社会的团结。当时有人倡议组织马来亚华侨总公会，陈嘉庚认为时机、条件均不成熟，他为此写了《我之华侨团结感》，提出自己的观点。

陈嘉庚返回新加坡不久，国共两党在重庆达成"双十协定"。当时海内外人士对国共合作和平民主建国多抱乐观态度。而陈嘉庚却看透了国民党当局独裁腐败、反共反民主的本质，断定内战一定会打起来。他说："若真得到民主和平，那比赚什么大钱都高兴，因为这是全国人民的大福气。不过看起来，蒋介石没有诚意。"在香港《华商报》请他为"双十协定"题词时，他写下了"还政于民，谋皮于虎，蜀道崎岖，忧心如捣"十六个字，表达了他对时局与众不同的深刻见解。

事实果然如此。蒋介石的中央军到处劫收，在美国政府的支持下不断向八路军开火，挑起战端，而八路军自卫反击屡屡得胜。于是，美国派专使马歇尔于12月20日来华"调停"。1946年1月10日，国共双方签订"停战协定"。可是，墨迹未干，蒋军便到处进攻解放区，冲突不断。到了5月3日，周恩来率中共代表团来南京，为停止中原内战和国民党重开谈判。但到6月26日，蒋介石干脆撕毁"双十协定"和"停战协定"，出动277万兵力发动全面内战。美国则出钱出枪，出动军舰、飞机把五十多万国民党军队运送到前线，并派出九万海军陆战队，进驻上海、天津、青岛、北平、秦皇岛等地，赤裸裸地干涉中国内政。

内战一开始，陈嘉庚就敏锐地辨明国共两党分裂的是非，在拥护国民党还是摈弃国民党、实行独裁政治还是实行民主政治的重大问题上作出了抉择。6月20日，他发表讲话，指出国民党"还实行着一党专政的独裁政治……要跑这条路，就只有没落、死亡"，"中国绝不能走这条路"，"中国当前最适合的政治路线只有一条——民主"。

美国支持蒋介石打内战的行径，激起陈嘉庚的无比愤慨。随着时局的进展，他看出美国出钱插手中国的内战，已与过去日本帝国主义无异，便以南侨总会主席名义致电美国总统杜鲁门、美参众两院议长、美国特使马歇尔和美国驻华大使司徒雷登，抗议美国援蒋内战，要求停止对蒋政府的一切援助。电文指出：

蒋政府执政二十年，腐败专断，狡诈无信，远君子而亲小人。其所任用官吏，如孔、宋内戚等……贪污营私，声名狼藉，以致民生痛苦，法纪荡然，为中外所咸知，贵国亦了若指掌。

而延安中共辖地，民主政治已见实施，与国民党辖区有天渊之别。且中共获民众拥护，根深蒂固，不但国民党军队不能加以剿灭，即任何外来金钱武器压迫，亦不能使其软化。

本人代表南洋一千万华侨，特向贵国呼吁，请顾全国际信誉，以日本为前车之鉴，勿再误信武力可灭公理。

警告美国"多方援助贪污独裁之蒋政府，以助长中国内战，长此以往，中国将视美国为日本第二"。要求美国"迅速改变对华政策，撤回驻华海陆空军及一切武器，不再援助蒋政府，以使中国内战得以终止"。

这份电报经路透社、合众社 11 日电讯转发，震动了全世界，也在星马华侨社会中引起轩然大波。但被国民党控制的大小星马华文报纸拒不刊登陈嘉庚的电报，反而连篇累牍地刊载反陈通电，并发表文章诋毁谩骂陈嘉庚的爱国行为。陈嘉庚创办的《南洋商报》，由于股权的变化也加入反民主叫嚣的行列。

另一方面，槟榔屿的《现代日报》《商业日报》，吉隆坡的《民声报》等则对陈嘉庚的电文进行了报道，全星马有数百个华侨社团和华侨居住的大埠小镇纷纷召集民主派、劳动界、妇女界、青年界的群众大会，拥护陈嘉庚的通电，数十万人参加了反美军留华的签名运动。经过反复较量，星马华侨社会中的民主势力占了优势，被国民党控制的各反动集团内部发生激烈的分化，有的声明否认反陈通电，有的负责人引咎辞职，表示悔过。

为了维护华侨社会的团结，抵制和反击国民党的反动宣传，陈嘉庚在华侨民主派的推动下，创立南侨报社有限公司，亲任董事会主席，社长胡愈之，总理张楚琨，督印李铁民。1946 年 11 月 21 日，《南侨日报》开始出版发行。从此，南侨报社有限公司成为华侨民主派的堡垒，规模和声势不断扩大。第二年初，夏衍奉周恩来之命，担任《南侨日报》主笔，协助胡愈之主持笔政。又增加发行《南侨晚报》，以洪丝丝为主编。南侨印刷厂承印新南洋出版社的《风下》周刊和沈兹九主编的《新妇女》以及较后新华社在新加坡发行的新闻稿；出版部出版陈嘉庚《住屋与卫生》等著作，以后还翻印过部分毛泽东著作。

陈嘉庚热情支持亚洲各国人民的民族解放运动。1946 年 3 月 18 日，陈嘉庚以南侨总会主席的名义设宴隆重欢迎为印度独立而斗争的尼赫鲁，称赞他是"为印度民族求解放，为数万万人民谋幸福"的"印度民族领袖"。

1947 年初，荷兰殖民主义者借口对新独立的印度尼西亚采取"第二次警卫"行动，用大炮猛烈轰击苏门答腊港的华人区，持续达五日之久。暴徒乘机大肆劫杀，华侨死伤千余人，房屋被烧毁数百座，财产损失达两千多万荷盾。随后他们又变本加厉，颁布荷印进出口法，封锁进出口贸易，而在公海上截捕华侨船舶，枪杀船员，劫走财货，把这些物资重换荷兰商标，倒卖牟利。这种强盗式的反华暴行，激起广大侨胞的愤慨。新加坡中华总商会派李光前为代表与荷兰政府交涉，毫无结果。陈嘉庚召开新加坡侨民大会,严厉斥责荷兰殖民主义者。大会一致赞成陈嘉庚的提议,由南侨总会出面交涉,限一星期内荷兰政府作出满意答复,否则对荷经济绝交。荷兰代表威胁陈嘉庚不要插手干预,遭到陈嘉庚的严词驳斥,最终以道歉赔偿了事。这次对荷斗争,维护了华侨的正当权益,也支持了印度尼西亚的独立运动。

1947 年,国统区学生开展了声势浩大的反内战、反饥饿、反独裁运动,国民党政府竟出动军警、特务镇压学生。陈嘉庚得到消息后,组织新加坡华侨各界促进祖国和平民主联合会,于 5 月 30 日召开华侨各界代表大会,声援国统区学生运动。陈嘉庚担任主席,在会上号召"全国民众,奋志维新,取消蒋介石一切非法条约"。会上提出了"打倒蒋介石,建立联合政府"的口号,并以陈嘉庚名义发出通电。这次新加坡华侨声援祖国民主运动的群众性斗争,得到全马各地华侨团体的热烈响应,纷纷集会声援,或捐款救济爱国学生,有力地配合了中国人民解放战争。

1947 年下半年,国内战争形势起了根本性的变化,人民解放军从战略防御转为战略进攻。刘伯承、邓小平率领的中原大军强渡黄河,挺进大别山,其他战场也捷报频传。蒋介石为挽回败局,大征壮丁、粮财,试图顽抗。国民党人操纵的全马中华总商会联合会于 9 月间在吉隆坡开会,通电南京政府拥护"勘乱总动员令"。陈嘉庚认为商联会此举是制造纪念国庆纠纷,"火上添油，助纣为虐"，"有意破坏团结"。他于10月初召开新加坡福建会馆执行委员会会议，决定按照去年办法，另行举行庆祝国庆大会，并著文严厉谴责商联会的做法。

1948年元旦，陈嘉庚发表《新岁献辞》，热情欢呼新时代到来。当时，国内有些所谓民主个人主义者主张调停国共战争，成立"民主联合政府"，走中间路线。陈嘉庚认为这"不啻痴人之说梦"。他坚定地追随中国共产党，立场鲜明地支持中国人民的解放事业。5月1日，陈嘉庚以主席名义发布《南侨总会第十六号通告》，宣布南洋华侨不承认伪国人选举的总统以及他签订的一切卖国条约。4日，陈嘉庚主持新加坡华侨各界代表大会，致电毛泽东主席，响应中国共产党召开新政协建立民主联合政府，否认蒋介石为中国总统。6月2日，陈嘉庚为《新仰光日报》题词："天下兴亡，匹夫有责；身家可以牺牲，是非不可不明。"此后，他接连发表《中国内战何日告终》《再论中国内战前途》、《历史经验证明蒋政府必倒》等文章和演说，尖锐抨击蒋政权，讴歌人民解放战争的每一个进展，在海外华侨中和国际上扩大了中国共产党和中国人民解放事业的影响。

那时候，有的民主人士和革命者害怕美国使用原子弹，或掀起第三次世界大战。陈嘉庚慧眼独具，认为：今日内战胜负决于乡村而不在乎城市。纵令美国日夜赶造原子弹，其炸力亦不能炸半县之面积，欲炸平全中国，则需时百年而后可。至于挑起第三次世界大战，美国绝无胜利把握。因此，美国断然不敢挑起大战。这对消除华侨的恐美、恐战心理起到了积极的作用。

1948 年 2 月，前马来亚英军总司令白思华中将在伦敦发表马来亚战役报告书，抹杀、歪曲当地华侨在保卫新加坡和马来亚中的功绩，为自己率领八万英军向日军投降的劣迹进行掩饰。报告书一发表，便激起华侨社会的普遍愤慨。陈嘉庚于 3 月 13 日向英国陆军部提出备忘录，列举华侨组织抗敌动员会、华侨义勇军和游击队英勇抗日的事实，对白思华报告书有关华侨各节提出严重抗议，要求作出忠实的修正与道歉。白思华理屈词穷，不敢饶舌。这场斗争虽然没有进一步发展下去，但已经有力地恢复了华侨在星马抗日斗争中的真相，对诬蔑殖民地人民和华侨的英国帝国主义分子，是一个沉重的打击。

第二次世界大战结束以后，陈嘉庚为维护华侨正当权益、支持东南亚民族独立运动作出了重大的贡献。他热情地领导南洋华侨站在人民解放事业一边，开辟海外民族民主革命的第三条战线，对中国民主革命的胜利作出了重大的贡献。

晚年参政议政

(1949—1961)

归国参政议政

★ ★ ★ ★ ★
（75-87岁）

1949年1月20日，人民解放战争即将取得全国性胜利，中共中央主席毛泽东致电陈嘉庚，邀请他来北京共商国是。接到电报后，陈嘉庚欣然同意。

2月22日，陈嘉庚就国内政局前途问题向美联社记者马斯特逊发表了重要谈话，发表个人对国内形势的看法。3月16日，陈嘉庚在新加坡福建会馆常年大会上发表了《新中国必能兴利除弊》的讲话，相信新中国能在短期内革旧中国的六大弊政。这些看法，表明他对即将诞生的新中国充满了信心。

严冬过去，春天到来。陈嘉庚决定回国北上参加新政协会议，考察东北现状。

5月5日，陈嘉庚与庄明理、张殊明乘

△ 陈嘉庚在第一届政治协商会议上发言

邮船离开新加坡经香港前往天津。

6月4日，陈嘉庚一行乘专车到达北京，受到董必武、林伯渠、叶剑英、李维汉、李济深、沈钧儒等人的迎接。7日，由周恩来陪同，陈嘉庚前往西山见毛泽东，谈论中外局势。陈嘉庚出席了北京市各界欢迎会，叶剑英主持会议，陈嘉庚在会上报告了抗战期间南洋各地华侨情况。

中国人民政治协商会议筹备会议在中南海勤政殿召开，陈嘉庚在会上致词，表示海外华侨绝对拥护民主联合政府，拥护中国共产党和毛泽东主席。

△ 毛泽东和陈嘉庚等人摄于北京中南海勤政殿前

　　22日，陈嘉庚由庄明理陪同前往东北参观考察。先后参观访问了中国医科大学、沈阳监狱、抚顺煤矿、本溪钢铁厂、哈尔滨东北烈士纪念馆、松花江边的新江村、呼和浩特成吉思汗庙、长春东北电影制片厂和东北大学(今吉林大学)、吉林小丰满水电站、钢都鞍山、商港大连和军港旅顺等地，前后两个多月，行程五千余公里。通过这次长途旅行，他得出的结论是："从东北看全中国，国家建设的前途一片光明。"

　　9月1日到17日，陈嘉庚作为华侨小组的召集人，全力投入人民政治协商会议的筹备工作。21日，中国人民政治协商会议第一届全体会议在中南海怀仁堂隆重开幕。会上，陈嘉庚当选为人民政治协商会议第一届全国委员会常务委员、中央人民政府委员和华侨事务委员会委员。

10月1日，陈嘉庚登上天安门城楼，参加开国盛典。他亲眼看到五星红旗在雄壮的国歌声和礼炮声中徐徐升起，热泪盈眶，深深感到作为中国人的自豪。

10月30日，陈嘉庚离开北京南下，先后到达济南、徐州、开封、郑州、汉口、长沙、南昌、上饶、南平、福州、涵江、莆田，泉州等地。12月27日晚回到家乡集美。

1950年1月10日，陈嘉庚从集美乘汽船到厦门，看望了厦门大学师生。之后辗转到达香港，向各界人士、集美、厦大校友畅谈回国观感。15日，从香港胜利返回新加坡。3月4日，在新加坡中华总商会联合各社团欢迎大会上做了《回国观感》

▷ 陈嘉庚与廖承志、方方、庄希泉等在北京寓所内合影

的演讲，以详尽动人的事实，报告了新中国各方面的新气象。

在新加坡期间，陈嘉庚开始处理未了事务，准备回国定居。他连续在《南侨日报》上发表此次回国畅游南北的观感。这些文章和演讲汇编为《新中国观感集》一书，在新加坡出版，先后印行60万册，受到了广大侨胞的欢迎，使新中国在海外的威信得到极大提高。在50年代，这本书是爱国华侨和国际友好人士了解新中国的案头必备书，它忠实地表达了海外赤子盼望、欢呼中华振兴的心声。

1950年5月21日，陈嘉庚从新加坡乘飞机回到北京，参加人民政治协商会议第一届二次会议。周恩来总理热情挽留他定居北京，陈嘉庚惦记着集美、厦大的修复，婉言谢绝了周总理的好意，决定定居于集美。定居集美后，陈嘉庚一直参与商讨国家大事。他除了继续担任中央人民政府委员和华侨事务委员会委员外，还曾当选为华东军政委员会副主席，第二届、第三届全国人民政治协商会议副主席，第一届、第二届全国人民代表大会代表和常务委员，中华归国华侨联合会主席。每次重要会议他都亲自出席，为讨论国家重大决策作出了自己的贡献。

陈嘉庚真诚拥护中国共产党的领导，对祖国统一大业鞠躬尽瘁。他对毛主席、周总理非常崇敬。他常说毛主席在政治上、军事上、文学上都有非凡的才能；周总理学识渊博，品德高尚，内才、外才都很高，是世界罕见的。毛主席、周总理也非常尊重陈嘉庚，虚心听取他的意见。陈嘉庚对他们也是真诚相见，

△ 陈嘉庚在全国侨联成立大会上

对于国家大政方针和涉外事务有什么不同意见，总是知无不言，言无不尽。

陈嘉庚十分重视社会进步和人民生活。1955年7月至12月，他在庄明理陪同下，进行第三次全国性的考察旅行，到东北、华北、西南、中南等十六个省市参观访问。他重访1940年回国慰劳时到过的西安、延安、兰州、贵州等地和1950年到过的东北、华北、中南。他还初次访问新疆和海南岛，出席新疆维吾尔自治区成立大会。考察结束后，他写信给毛主席、周总理和人大常委会，报告旅途见闻，反映问题，附上了15项提案建议。他还把旅途中零星所记情况整理成参观考察记，直到 1958 年 1 月才完成，约 12 万字。他预定 1960 年和庄明理再作一次全国性的旅行考察，准备将两次参观考察记录一并成书出版，不幸因病魔缠身而无法成行，成为他的终身憾事。

陈嘉庚在晚年的政治生活中始终紧跟时代前进，和中国共产党肝胆相照，荣辱与共，坚信只有共产党才能救中国。

⟶ ## 晚年扩建学府

★★★★★

（76—87 岁）

回国之前，陈嘉庚就多次函示集美学校董事会董事长陈村牧，拟请新政府大量扩充学村范围，增设职业学校。回国定居后，陈嘉庚更是将大部分精力用来领导集美学村和厦门大学的扩建工作。人民政府考虑到集美学校的悠久历史和海内外声誉，希望陈嘉庚先生维持私立名义，由政府予以部分经济补助，陈嘉庚不愿给国家增加更多的负担，慨然接受。他为此呕心沥血，向海外亲友筹措经费，并尽力办好集美的校产——集友银行。该行章程规定：股东所得股息和红利全部捐作集美学校经费。陈嘉庚把从海外争取来的资金存在集友银行生息，把利息作为办学经费。从1950年到1955年间，陈嘉庚拨给集美学校的经费共三百五十三万七千九百零四元五角，国家财政补助二百零一万八千元。

在这种优越的办学条件下，集美学村不仅很

▷ 50年代陈嘉庚视察厦门大学

△ 1952年，厦大建筑部成立两周年，陈嘉庚与其成员合影。

快恢复旧观，而且得到迅速发展。1951 年，集美学村增办集美水产商船专科学校，后与厦门大学航务专修科合并为国立福建航海专科学校。1951 年，省立高级水产职业学校和省立高级航海机械商船学校的航海科先后并入集美高级水产航海职业学校，后改名为福建私立集美水产航海学校。1952 年，集美高级商业职业学校改名为福建私立集美财经学校。1953 年，集美学村创办福建省集美华侨学生补习学校。至 1955 年秋季，集美幼儿园、小学、中学、水产航海学校、财经学校、华侨学生补习学校等六所学校，共有学生 5217 人，约等于建国前学生数最多的 1931

年的两倍。

六年中，在陈嘉庚亲自主持和监督下，除修复旧校舍外，还新建了大批宏伟的校舍和公共设施。其中规模较大的有：福南大会堂（面积3749平方米，可容观众4700人）；体育馆（可容观众三千余人）；海水游泳池两个（面积共11000平方米；咸、淡养殖池四口（面积共达300多亩）；图书馆（面积1644平方米）；教学大楼数座；大膳厅数所。图书馆、科学馆、医院的人员、设备都有大量扩充，还增设电影俱乐部，购置大型放映机，经常为师生放映电影。

从1950年开始，陈嘉庚填土扩建鳌园，建集美解放纪念碑。鳌园在1960年12月全部完工，总面积8789平方尺。这些建筑别具风格，成为厦门的一个风景游览胜地。

陈嘉庚在扩建集美学村的过程中遇到了不少困难，但他不改初衷，煞费苦心。1955年12月，陈嘉庚决定把集美学校董事会改组为集美学校委员会。从1956年1月开始，除幼儿园、小学及公共机关外，各校由人民政府全面负责，校委会负责主持各校机构设置、办学规模、经费分配、基本建设及公共活动的联系。但是，陈嘉庚仍一如既往地关心着集美学校的建设，亲自计划校舍的扩建，每天早晚两次持杖步行数华里，亲自巡视各校工地。1956—1961年，各校基建经费除国家拨给六百九十八万余元外，陈嘉庚还自筹资金一百六十三万余元。

陈嘉庚1937年把厦门大学献给国家，但他始终关心它的发展。1950年，他提出厦门大学办学规模要逐步发展到三四万人。他筹措经费扩充厦大校舍。到1955年为止，先后兴建了建南大会堂、成智楼(图书馆)、成义楼(生物馆)、南光楼(化学馆)、南安楼(数学馆)、成伟楼(厦大医院)、国光楼三座(教工宿舍)、芙蓉楼四座(男生宿舍)、丰庭楼三座(女生宿舍)等三十一座，面积达64.36万平方米。还有体育场面积1.94万平方米，可容纳观众近两万人；海滨游泳池面积6000平方米；建南大会堂有5000个座位。这些建筑和集美学村的新建筑一样，雄伟壮丽，

△ 陈嘉庚关心扩建工作，坚持到厦大指导工作。

具有民族风格和南国特色，为厦门这一海上明珠增添了奇光异彩。在厦大兴建新校舍期间，陈嘉庚每星期从集美渡海来厦大工地巡视，风雨无阻。

在扩建集美、厦大校舍的同时，陈嘉庚十分注意教育质量和人才的培养，经常对有关部门提供建议或进行批评。他同意厦门大学确定"面向东南亚华侨，面向海洋"的发展方向，建立南洋研究所、海洋研究所和华侨函授部，并在各系筹设有关东南亚历史、经济的专门化的研究室，以及海洋物理、化学、生物方面的专业。陈嘉庚十分关怀学生德智体全面发展，引导学生热爱祖国，热爱社会主义。

集美和厦大凝结了陈嘉庚一生的心血，他一生献给文化教育的钱，约合人民币 1.5 亿元，创办或资助过的学校超过百所，这是前无古人的。把学校办成一个"系统工程"——从幼儿园到大学，形成普及与提高、普通教育与职业教育相结合的格局，这也是前无古人的。

为家乡谋福利

★★★★★

（76—87岁）

　　陈嘉庚特别关心家乡的建设，对建设福建有许多远见卓识。

　　福建地处东南沿海，历来以对外贸易著称于世。但由于内地山峦起伏，竟没有铁路，影响了福建经济的发展。早在1950年5月，陈嘉庚在全国政协一届二次会议上就提出修建福建铁路的提案，受到党和国家的重视和支持。当时，厦门处于军事最前线，海口不通，群众生活极为困难。陈嘉庚向厦门市市长建议修厦门海堤，改变厦门被封锁的状况，利于发展厦门经济。这个意见得到了毛泽东、陈毅等党和国家领导同志的赞同。

　　1952年中共七届三中全会前后，陈云同志主持中央财经工作，他把海堤作为国

116

△ 1954年毛泽东和陈嘉庚交谈

家预算外的基建投资，拨专款 1300 万元。施工前，不少人对建堤提出不同意见，陈嘉庚用大量事实说服了他们。厦集海堤于 1953 年 6 月动工，1955 年 10 月建成，全长 2212 米，这条海堤在当时对改善厦门市的交通以及海防的巩固起过很大的作用。

海堤动工前后，陈嘉庚一再写信给毛泽东主席、周恩来总理，要求尽速修建闽西南铁路。1954 年春，在全国人民代表大会期间，毛主席、周总理面告他，这一工程即将兴工修建。中央做出决定后，铁道部的选线工程技术人员和苏联专家来到厦门，研究铁路如何从漳州入厦门的

△ 陈嘉庚先生1956年摄于北京

线路问题。他们带来的方案是从集美向东延伸，再沿杏林湾东岸向东南经集美进厦门。陈嘉庚认为方案不妥，向上反映了自己的观点。彭德怀、王震同专家一起研讨，最后决定采纳陈嘉庚的建议，填建杏林集美海堤，并改原方案经龙岩、漳州一线为经漳平、郭坑到厦门。1955年10月厦集海堤竣工后，即移修杏林集美海堤，经过一年多的奋战，于1956年年底竣工。

鹰厦铁路原计划于1957年底修成通车，由于筑路大军的努力，提前一年实现全线通车。鹰厦铁路全线通车前，陈嘉庚在全国人大一届三次会议上建议，为使鹰厦铁路发挥更大作用，应及早从漳平伸出一支线到龙岩去。这个建议不久就完全实现了。在这次会议上，毛主席踱到陈嘉庚面前说："三个姓陈的（指陈嘉庚、陈绍宽和陈毅）都高兴啦！"陈嘉庚每每提到这次会议的情景时，总流露出无限欣喜之色。陈嘉庚在修建鹰厦铁路、厦门海堤和杏林湾围垦中起了重要作用，对50年代福建的经济恢复和振兴作出了重大的贡献。

对于福建城乡的建设和工农业生产，陈嘉庚也提出许多有价值的建议，收到良好的效果。福州市街巷纵横密狭，木板房屋易起火灾，而且长期缺乏自来水设备，市容和公共卫生以至消防工作都很受影响。1950年，陈嘉庚即对北京自来水工程进行调查，制定兴建福州市自来水工程的方案，很快被省人民政府采纳实施，从而结束了福州人民长期用水难的局面。1955年1月21日，台湾飞机轰炸福州市，烧毁店屋住宅四千余间。陈嘉庚闻讯后，即于次日发电报给周恩来总理，要求规划重建福州市。后来，福州在废墟上重建新式街道外，又逐步拆迁木屋，向现代化城市迈进。建国初期，福建缺乏棉纺织工业，人民穿衣不能自给。陈嘉庚认为福建虽不产棉，但海运发达，可以进口棉花办纱厂。在他的积极建议和推动下，有五万纱锭的厦门杏林纺织厂于1958年建立，既解决了人民穿衣用布，又安排了几千人就业。

福建山多田少，粮食不足。陈嘉庚在1954年就向全国人大会议提出"闽省多袋形海滩，应改造为良田水利"的议案。为了开发新的能源，满足农村用电需要，陈嘉庚于 1958 年在集美倡办海潮发电站，先后投资九十余万元，但因技术不过关而中止。

陈嘉庚认为农村落后，不讲卫生，影响农民身体健康。1958 年，他带头动员集美全镇居民填平房前屋后、路头巷尾的私厕，砌起七十六座卫生清洁的公厕，改善了环境卫生。

在党和政府的大力支持下，陈嘉庚关于建设福建的建议大部分得到实现。

→ 安度晚年生活

（76-87 岁）

陈嘉庚晚年的大部分时光是在集美度过的。1950 年回集美定居时，他长期住在集美学校董事会楼上的一间小屋里。1955 年，集美镇政府重修了陈嘉庚住宅，1958 年，他才搬回旧居，住在楼上的一个小套间里。

陈嘉庚居室陈设十分简单，一张古老的

床，半新不旧的写字桌，两个不对称的沙发，一口装水用的七斗小瓷缸，一个普通的洗脸盆，一个掉了几处瓷的牙杯，两只从新加坡带回来的旧皮箱，一只盖皮已裂，一只把手皮带已断，用麻绳代替；还有一些七拼八凑的凳子。那时，集美镇 9 时熄灯，他常点蜡烛继续工作，蜡烛盘用一个破茶杯翻过来的底来代替。为了亲自指导厦门大学的扩建工程，他在厦大建筑部办事处内留有一间临时的办公室，小房间的面积只有 10 平方米左右。

陈嘉庚晚年参与国事活动，人民政府给他的工资是行政三级，每月可领 390 元，加上地区补贴共计 539 元。但他生活勤俭，每月伙食费 15 元，其余存入集美学校会计处作为公用。到厦大视察工地，他在建筑部和办事人员一起吃午饭，饭菜完全一样，不同的是大家吃干饭，他吃地瓜稀饭。

陈嘉庚接待客人，不讲排场，大概是油炸蚝、蚝煮线面、炒米粉、薄饼、煮芋头之类，再加一道汤，总共不过四五样。陈毅、蔡廷锴等都尝过他特备的蚝煎、炒米粉和猪蹄芋头。1957 年全国侨联扩大会议在厦门召开，陈嘉庚招待全体委员吃的也是这几样菜。有一次，他请香港朋友吃午饭，仅米粉一盘，旁置花生、皮蛋等小菜四碟，主食是地瓜稀饭。1951 年，陈毅来集美看望他，炊事员买了一斤糖果回来，事后陈嘉庚批评说："首长至多尝一两粒糖，买两角钱就够了。"他身体力行的座右铭是："应该用的钱，千万百万也不要吝惜，不应该用的钱，一分也不要浪费！"

△ 陈嘉庚先生塑像

　　陈嘉庚常常持杖步行外出，1952年4月，厦大校长王亚南提议为他买一艘小汽艇，他拒绝了。后来，国务院机关事务管理局要拨给他一艘小交通艇和一辆小轿车，他一直不要。1957年，经多次说服后，他才收下小轿车。

　　陈嘉庚对子女一向严格要求。1958年，他的一个孩子从新加坡回来探望他，由于他突然生病住院，孩子随伴左右，误了归期。为了赶回新加坡，拟用小轿车直赴广州，他不同意，坚持要孩子坐火车经鹰潭转赴广州。他的一个孙儿回国探望，留在他身边上学，他规定在学习期间每月补贴学用费30元，直至停学为止。其他子孙如要来，也照此办理。

陈嘉庚鄙薄沽名钓誉，也不喜欢别人颂扬。他从不让人为他祝寿，他生日那天，子孙一般加几样菜，不提祝寿之事。

1958年1月，陈嘉庚的右眼眉心上突然隆起一粒肿瘤，经专家检查，断定是鳞状上皮癌，在北京进行了手术和放射治疗，病情得到控制后又回集美养病。1960年10月，他再次去北京治病。

1961年，陈嘉庚病情突变，发生脑溢血，处于昏迷状态。在此前后，周恩来、沈钧儒、彭真、李维汉、何香凝、廖承志等，先后前往探视，并指示医护人员采取一切措施尽力抢救。重病中，陈嘉庚向友人交代了后事。他把在国内银行的存款334万多元，捐50万元作华侨博物馆的建筑费，另50万元作集美社福利基金，剩余的234万元全部用于集美校舍建设。一分钱也没留给子孙。他最后留下遗言："人总要死，死不要紧，最要紧的是国家前途。中国有两派，旧的一派是国民党，这一派很坏；新的是共产党，他领导全国人民，建设社会主义。人都有一死，早死晚死不要紧，最要紧的是国家。国民党过去做尽坏事，他们逃到台湾去了，那些人一生自私自利，假公济私，现在还在捣乱。我们应尽早解放台湾，台湾必须归中国。"他念念不忘集美学校，嘱咐集美学校一定要继续办下去。

1961年8月12日，经抢救无效，陈嘉庚在北京病逝，享年87岁。他逝世后，中国共产党和政府，给予他崇高的评价和礼遇。公祭后，周恩来、朱德、沈钧儒、陈毅等执绋，护送陈嘉庚灵柩到北京火车站，由专列运回集美。20日，在集美举行国葬，陈嘉庚永息在鳌园中。

陈嘉庚虽然离开了人世，但他的爱国精神却永远活在海内外中华儿女的心中。在内地，集美学校和厦门大学建立了他的铜像，华侨大学修建了陈嘉庚纪念堂。在新加坡，中华总商会大厦内设立了嘉庚堂，福建会馆也建立了他的铜像。他的音容永远长存，鼓舞着海内外中华子孙为实现振兴中华、统一祖国的目标奋勇向前！

后 记

伟人的生命永不终止

　　当笔杆摇落了满天星斗，当台灯舔亮了东方云霞，我也终于写完了《华侨旗帜陈嘉庚》一书的最后一个字。抬起头来，我不仅长舒了一口气。这段时间，我在历史和现实间游走，在光阴的此岸与彼岸穿梭，我书写着陈嘉庚先生的人生经历，入神时，忘情处，竟很难自拔。

　　1961年8月12日，一代华侨领袖陈嘉庚永远闭上了眼睛。当写到这里时，我的内心深处不禁一阵悸动，一阵不舍。我是多么不想写陈嘉庚先生走完他87年的生命历程，最终走向了他生命的尽头啊！但是，这又是历史的必然。事实上，先生离开我们已经快半个世纪了。虽然如此，他的影响仍然深深地留在我国人民和南洋各族人民的心中。

　　陈嘉庚曾经创造过商界的奇迹，凭着超人的眼光和胆略，他的企业从无到有，由小及大，兴盛昌隆，建立起一个庞大的商业王国。但是，当时东南亚成功的企业家何止陈嘉庚一个？岁月流逝，"风流总被雨打风吹去"，这些人的花园洋房、别墅山庄，早已被人遗忘。只有陈嘉庚先生为后人所敬仰，永世流芳。原因何在？那就是他与那些拜金主义的大富豪有本质的不同。当年的百万富翁，有谁不住豪华别墅？有谁不乘高级汽车？有谁不吃山珍海味？有谁不是奴婢满堂？又有谁不把产业留给子孙？而对于社会，他们冷漠麻木，没有任何责任感可言。唯有他——陈嘉庚，一生俭朴，粗茶淡饭，克己奉公，倾尽所有家财致力于民族的独立富强，祖国的教育和家乡的建设，不留给子孙任何遗产。他的住所是普通的平房，陈设朴素，家具与普通人家一样，没有一点奢华的东西。他的儿子回忆说：他从不为自己乱花一分钱，平时带的现款不超过5元，也不许家人随意浪费金钱，生平就去过一次电影院。他一生都保持了这种俭朴的本色，在实业鼎盛之时，也从不将钱用于自己享乐。他认为，一切财富取之于社会，就应该还之于社会。他认为，让后人继承大量遗产会使智者丧志，愚者更愚，这些合法的继承人往往成为不从事劳动、坐吃山空、挥霍无度的败家子。

可以说，他的影响远远超越了他所处的时代，被史家和后人所深深铭记，堪称华侨第一人。在历史的今天，只要我们谈到20世纪的中国教育，谈到华侨抗日救国，我们就无法回避一个伟大的名字——陈嘉庚。

1964年11月9日，紫金山天文台发现一颗行星，1983年12月国际小行星中心把它编为"2963号"，1990年3月11日命名为"陈嘉庚星"。这颗星昭示着，陈嘉庚精神和日月星辰一样永恒。从这个意义上说，伟人的生命永不终止，陈嘉庚的精神永不落幕。